なぜあの時あきらめなかったのか

小松成美
Komatsu Narumi

PHP新書

はじめに

アスリートたちの姿が観る者の心を震わせるのは、彼らが特別な力を持ち、その力を振り絞り闘っているからだ。ある試合で、またはあるレースで、鍛え上げられた肉体と勝利だけを目指す魂が融合するその刹那《せつな》、信じ難い光景が繰り広げられる。

瞬《また》きも許さないパスワークとシュート、重力に逆らい軽々と体を宙に浮かせる跳躍力、筋肉と反射神経では説明できない俊敏なタックル、周囲に風を感じさせる疾走――。

オリンピックでも、ワールドカップでも、甲子園でも、彼らから与えられる喜びは、心を高揚させ、時には生きる勇気にすら変わることがある。

勝利を目指し闘うこと。それは選ばれし者の使命だと私たちは思う。そうした天命を持って生まれたからこそ、特別な場所に立てるのだ、と。

常人が持ち得ない闘志やずば抜けた身体能力を目《ま》の当たりにし、それを活字にして伝えたい。そうしてスタートしたこのアスリートへの取材で、私は何度も驚くことになった。それは、スターでありヒーローである彼らが、誰一人、自分を「選ばれし者」だと思っていなかったからだ。そればかりか、栄誉を得た後も、彼らは「特別な場所に立っている」とは考えていなかった。

私の目前に座り、静かに話す彼らは、今を懸命に生きる若者たちであり、夢や目標に向かって一途に歩み続ける誠実な人たちだった。

それぞれに大きな挫折があった。勝利に見放されたことも、自分のミスを許せなかったことも、弱さから逃げ出したことも、人に理解されないと悲しむ日々も、彼らにはあった。

私が触れたのは、掲げた目的を一心に見つめながら生きる人の姿であり、奇跡や魔法などあり得ない世界で挑戦を続ける彼らの心だった。

ではなぜ彼らは栄光を摑み、人々に熱狂を与え、歓喜の渦を起こすことができるのだろうか。そこには、どんな選手にも共通する思いがあった。

「あきらめない」

逆風が吹いても、挫けそうになっても、負けが込んでも、怪我をしても、孤独であっても、彼らは決してあきらめなかった。あきらめない心が、彼らの目標を、夢を、求めた感激を、その手に近づけた。

苦しさや困難に出合い、人生の岐路に立った時、人は選択をする。その瞬間、あきらめなかった者だけが、生きる喜びと新たなスタートの瞬間を得ることができる。

ここに登場するアスリートたちの言葉は、あきらめずに挑めば必ず好機が得られることを示している。あきらめないというシンプルな、けれど強い決意が、人生を大きく旋回させるのだ。

この一冊からは、トップアスリートの熱いメッセージを読み取っていただけるはずである。

二〇一二年七月

小松成美

なぜあの時あきらめなかったのか　目次

はじめに

第1章　負けを忘れない強さ

第2章　自分との闘いに勝つ

第3章　挑戦に終わりはない

第4章　勝つことへのこだわり

野球　坂本勇人

ラグビー　五郎丸 歩

第1章

負けを忘れない強さ

◉柔道

鈴木桂治

PROFILE Keiji Suzuki

1980年　茨城県結城郡石下町（現・常総市）に生まれる。３歳で柔道を始める
1993年　国士舘中学校に入学し、高校、大学と同校に進学
2003年　世界柔道選手権大会無差別級で金メダル獲得
2004年　全日本柔道選手権大会初優勝。アテネオリンピック100キロ超級で金メダル獲得
2005年　世界柔道選手権大会100キロ級優勝
2008年　北京オリンピック出場（100キロ級初戦敗退）
2011年　全日本柔道選手権大会優勝（４年ぶり４度目）。世界柔道選手権大会無差別級で銅メダル獲得
2012年　全日本柔道選手権大会で３位。現在、国士舘大学教員

他を圧倒する存在感

柔道場に立つ鈴木桂治の大きさに息を呑《の》むことがある。実際の体格以上に見えるそのわけは、彼の豪快な足技にあるように思えた。だが、三十歳を過ぎて道場で汗を流す鈴木の柔道を見れば、足技の激しさが彼の真骨頂《しんこつちょう》でないことが分かる。自分のあるべき姿に忠実な心は、緊張を超え、どんな瞬間も肉体を縦横無尽に反応させる。決して相手の動きに左右されない、自分だけの間合いと動作を追い求める姿が、そこにはあった。つまり鈴木は、単に相手に勝つことを目指すのではなく、自分の柔道を追い求めている。彼の肉体が醸《かも》し出す存在感は、柔道場を離れても他を静かに圧倒する。

全日本優勝で流した涙の理由

二〇一一年、春の全日本選手権で優勝した鈴木桂治は、四年ぶりの日本一に涙を流した。これまで勝っても負けても涙を見せたことがなかった彼が、感情を露《あらわ》にしたのには理由があった。

「三十一歳になる年でしたから、ここで勝たなければもう後がない、という思いだったんです。現役生活をかけての闘いで崖っぷちに立つ心境を知ったし、絶対にあきらめないという気持ちが道を切り開くことも改めて知りました」

二〇〇四年のアテネオリンピック、一〇〇キロ超級で金メダルを獲得した鈴木は、翌年の世界選手権でも一〇〇キロ級で金メダルを獲得し、文字通りの〝最強の柔道家〟として世界のトップに立った。

ところが、二〇〇八年の北京オリンピック、一〇〇キロ級一回戦ではまさかの一本負け。実はあの時、鈴木は、金メダルを獲って晴れて引退し、指導者の道を歩む、という計画を立てていた。

「調子に乗って、『金を獲れる』と思っていたんです。でも、あの時の僕にはやはり何かが足りなかったんだと思います」

葛藤《かっとう》の末、もう一度闘う道を選んだ鈴木。王者復活までの道のりは険しいものだった。

「北京で負けてからは、試合に出ても二位か三位。一位にはなれなかったですね。ずっと日本一、世界一を目標にしてきましたから、優勝以外は負けも同然なんです。二番手、三番手に甘んじていることの苦しみは常にありました」

優勝と二位の差は、わずかだ。しかし、そのわずかなボーダーを超えることこそが難しい。

「女子六三キロ級の谷本歩実《あゆみ》さんが言っていたんですよ。『極端に言えば、練習しない人でも勝つ時には勝つ。ただ練習すれば、その可能性がほんの少し上がる』と。まさにそうだと思います。結局、『勝つためには何をすればいいのか？』に、答えはないんですよ。僕たちは、その目に見えないものに向かっていかなきゃいけないんです。それに、もし本当に勝てる方法なんてものがあったら、つまらないですね。自分の行き先にどんな世界や結果が待っているか分からないから、面白い。結局、自分が信じたことをやるしかない、ということです」

「柔道家の魂」を追い求めたい

北京での負けの後、一時、気持ちが乗らず柔道着を着られない時期があった。

「『今日はウエイトトレーニングやります』と言って、柔道から逃げていたんですね。けれど、やはりそれじゃダメだと思った。負けた自分は、トレーニングじゃなく、柔道をやるべきなんだ、と。そう気付いてからは、毎日柔道着を着ました」

柔道場では、とことん自分を追い込んでいった。

「ただ、練習量としては、それほどではなかったんですよ。二十代前半の頃はただガムシャラに稽古《けいこ》していましたが、三十代になり、量よりも質といいますか、休む時は休んで、体調のピークを試合にぶつけていくことが大切になった。そういうコンディションの作り方や集中力の出し方ができるようになりました」

優勝した全日本では、決勝戦でも落ち着いていた。相手が攻撃的に動いたところを返し、見事な勝利を収めた。

「開き直れたんですよ。自分にはもう後がない。失うものはない。だからこそ、焦らず、勝機の一瞬に前へ出よう、そう考えられたんです」

鈴木ならではの豪快な足技を期待するファンが多いことも知っていた。だが、その期待に応えたいと思う気持ちを、いい意味で捨てた。

「寝技でもいい、判定でもいい。とにかく六分間の試合が終わった時に、自分が勝っていればいいんだと思って稽古を続けていると、大会前、何度も何度も、優勝する夢を見ました。夜中にハッと目覚めて『なんだ、夢か……』と呟《つぶや》く、その繰り返しでした。だから勝った瞬間は、一瞬、これも夢か、と思いました」

全日本で勝つことは、オリンピックとはまた違った意味がある。

「柔道家としては世界一になることより、日本一になることに重みを感じるんです。だから、全日本で勝つと気持ちが引き締まる。『もっと自分を戒《いまし》めて、立ち居振る舞いにも気をつけなければ』と、そんなふうに考えます」

日本人にとって柔道は、スポーツであると同時に、武術であり、精神の鍛錬の術でもある。鈴木が三歳から柔道場で学んできたことも、そうした精神性を求めてのことだった。

「国士舘中学に入って、当時の柔道部監督だった川野一成先生と出会ってからが、真に修業の日々でした」

まだ十二歳という年齢で親元を離れ、寮生活を始めた鈴木が、川野に教わった最初の言葉が「剛毅木訥《ごうきぼくとつ》」だった。本当に強い人間は、常に謙虚で飾らず、素直な気持ちを持ち続けるものだ、ということを、鈴木は胸に刻んだ。

「剛毅木訥」を良しとする日本の柔道と、世界の柔道とはズレがある。オリンピックでも、ルールが変わり、鮮《あざ》やかな「一本」を狙わない選手が増えていった。タックルで相手を倒し、ずるずると寝技を仕掛けるなど、スポーツとしてただ勝てばいいという流れが主流となるのである。北京でも、鈴木はそこに泣かされた。

「難しいところです。国際柔道のルールも見直されてきていますが、やはり、世界の舞台では、何をしても『勝つこと』イコール『強さ』なんですよ。そのことの弊害だと思うのですが、僕らの頃と違って、今の若い学生たちは、柔道家としての精神鍛錬が蔑《ないがし》ろになりがちです。とにかく勝てばいいという発想になってしまう。勝利への意欲は大切ですが、僕は柔道を志《こころざ》した者として、柔道家の魂を追い求めたいです」

挨拶ができない後輩に胸を痛めることもあった。

「代表選手でも、朝会った時『おはようございます』の一言が言えない選手がいるんですよ」

柔道は、まさに礼に始まり礼に終わるもの。現在、国士舘大学の教員を務めている鈴木は、学生にはいつもこう告げている。

「『おまえら、先生や先輩、父兄やお客さんが来たら、デカイ声でちゃんと挨拶しろ。練習中だったら、練習を一回止めてでも挨拶だけはしろ』と。やはりそれが柔道の基本だし、基本がなっていなければ、真の勝者にはなれないと思っています」

ゴールを置かず、一瞬一瞬を大切に

柔道の道は険しく、果てしない。得意技を磨いただけでは強くなれない。絶対に勝てる相手に負けることもある。

「たとえば、柔道の組み手から、相手に技をかける最高のタイミングはいつかと考える。相手が隙《すき》だらけで一〇〇％『今だ！』と感じられる瞬間が最良の機会だと思うでしょう。ところが、そんな時は絶対に技が決まらないんですよ」

柔道は、相手の力を活かしてこそ、初めて自分を活かすことができる。

「もし自分にとって最高の瞬間が訪れていると感じたとしたら、相手の力は完全に封じ込められているということ。つまり、こちらが利用できる力もないということなんです。だから、そこで技をかけても鮮やかには決まらない。その意味で、本当の好機とは、自分が八で相手が二ぐらいの力が出ている時なんですね。自分が攻めながら、相手も攻めようとしている時こそが本当のチャンス。柔道で勝つにはその感覚を求めなければなりません。やはり稽古を重ねるしかない」

その緊張感の中で闘い続けてきた鈴木。彼が将来、目指す世界はどこにあるのか。

「北京の時は、金メダルを獲って引退というゴールラインを引いていました。でも、今は、どこにもゴールを置いていないんです。ただ『自分はどこまで柔道を追い求めるんだろう』という思いだけ。それゆえに、一瞬一瞬を大切にできている気がします。もちろん、現役引退ということは常に考えています。だからこそ、今はひたすら柔道に向き合えているんです。勝つためのスポーツではなく、自分を成長させてくれた柔道に」

吉田沙保里

PROFILE　　Saori Yoshida

1982年　三重県津市に生まれる。父親は元レスリング選手の吉田栄勝。３歳でレスリングを始める

2001年　中京女子大学（現・至学館大学）入学

2002年　ジャパンクイーンズカップで山本聖子を破る。世界選手権優勝（９連覇中）。全日本選手権優勝（10連覇中）

2004年　アテネオリンピックで金メダル獲得

2008年　１月にワールドカップ団体戦で敗れ、連勝記録は119で止まる。北京オリンピックで金メダル獲得

2012年　ロンドンオリンピック出場予定。ＪＯＣからオリンピック開会式の旗手に選ばれる。綜合警備保障所属

穏やかなる絶対王者

吉田沙保里は、強さの根源を「真っすぐに自分と向き合う心」だという。敵を倒すのであれば、対抗心や時には怒りすら必要だと思えるが、彼女の胸には、そうした感情はまったくない。その集中力と肉体の俊敏性《しゅんびん》は、自分が誰かに屈する悔しさをバネに培《つちか》われた。彼女の身体能力は敗北を回避するためにのみ費やされる。誰かを組み伏して打ち負かすのではなく、自分自身を奮い立たせ、磨き抜いた動きで勝利することが、最も大切な、そして唯一の目的だ。格闘技の王者でありながら、吉田の表情がいつも愛らしく穏やかなのは、強くあろうとする気持ちを、他者を倒すためでなく己に向けているからである。

最強になっても、なお進化し続ける

吉田沙保里は、世界で最強の格闘家だ。その吉田と双璧《そうへき》の存在が、オリンピックと世界選手権合わせて一二連覇の記録を持つロシアの男子レスリング界の英雄アレクサンドル・カレリン。彼は、吉田についてこう話したことがある。「本当に強い。それなのに、常に成長しようとする姿勢が素晴らしい」と。

レスリングというワールドスポーツで名を馳《は》せる彼女は、このカレリンを目標に闘ってきた。

「男子も女子もなく、世界一になりたいです」

三歳の時から、父の道場で厳しい特訓を受けてきた吉田。父は、レスリングの元全日本王者である。父は自分が果たせなかったオリンピック出場への夢を、娘に託した。

「本当は、上の二人の兄を強くして、オリンピックに出場させたかったんです。私が競技を始めたのは兄たちがやっていた影響で、最初は単なる遊びでした。でも兄二人は、途中でレスリングをやめてしまいましたので、父の情熱が私一人に注がれてしまったんですよ」

吉田はそれ以来、レスリングとともに人生を歩んできた。

「いつしか、レスリングがない生活は考えられなくなりました」

最強になっても吉田のレスリングは進化を続けている。攻撃の幅がさらに広がり、得意技のタックルもさまざまなパターンで自在に繰り出せるまでになった。

「力任せに攻めるだけじゃなく、相手の身体の動きを利用するなどの対応力はついてきたかもしれません。昔は、自分の試合のビデオを観て研究した時期もありますが、ここまで長くやっていると、とっさに身体が教えてくれるんですよ。頭で考える前に、自然に動けるようになってきました」

「負けて強くなる」ということ

吉田にとってのターニングポイントは、北京オリンピックの前のワールドカップだった。団体戦で予想していなかった負けを経験し、公式戦一一九連勝という記録がストップしてしまった。だが、その経験こそが、彼女に自分の原点を見つめさせる時間を作ったのである。

「連勝が途切れた瞬間は、やはり、悔しさだけが残りました。自分に腹が立って、試合後にはワンワン泣きましたよ」

レスリングの練習を再開する気にもならなかった吉田は、練習を離れ、久しぶりに実家へ戻って休息を取った。

「実家では、父がレスリング道場を開き、子供たちにレスリングを教えています。あの後、父の道場で子供たちの練習を眺めながら、自分の子供の頃を思い出したんです。負けて泣いてる子、叱られてベソかいてる子。それでも皆、ガムシャラに相手に立ち向かっていく。そんな姿を見ていたら、『ああ、私も同じだったな』って気が付いたんです」

無心に相手と組み合う子供たちの姿は、吉田にある思いを気付かせた。

「私はただレスリングが好きなんです。だから、勝っても負けても歯を食いしばって頑張ってきた。一回負けたぐらいで、クヨクヨしてちゃいけないって、思えたんですよ」

無欲のまま練習を重ねていた日々の記憶と、周囲の声援が、彼女に才気を取り戻させた。

「実家に三日間ほどいたら、すっかり気持ちが切り替わりました。それに、あの時はたくさんの方からメールや手紙をいただいたんです。勝っている時はなかなか気付かないんですが、私はこんなに応援してもらっているんだと改めて感じました。皆さんのためにも頑張らなくては、と素直に考えられたんです」

勝つことへの執着心はより強くなった。

「負けて強くなるという言葉の意味が分かりました。悩みましたが、それだけ価値ある経験に変えることができました」

吉田のアスリートとしての資質の第一は、この負けず嫌いの性格だ。

「五歳で初めて出た大会で、優勝した男の子のメダルが欲しくて大泣きしたぐらいですから、相当なものです。その時、父が私に『あのメダルはスーパーでは売ってないんだよ。欲しかったら、自分が頑張って優勝するしかないんだ』と言ったんです。その言葉は今も心に残っています」

勝負に勝たなければ、欲しいものは得られない。その事実が幼い心にインプットされた。

「あの子供の頃の心象が、私という人間を作ったと思いますね。勝負事は絶対あきらめられない性格になりましたから。レスリングだけじゃない。ゲームセンターのＵＦＯキャッチャーですら、狙ったぬいぐるみを取るまでやめません。何度失敗しても、『絶対取ってやる！』と燃えてしまう。トランプゲームや遊びのスポーツでも、私一人はいつも真剣。負けるとムカムカして大変です。この『絶対負けたくない』というこだわりが、常に競技生活の芯《しん》にあります」

もちろん、重圧がないはずがないが、そこから逃げ出したくなることもない。

「勝ち続けることは自分の目標でもありますし、周囲から期待されるのも当然です。周りからの期待やプレッシャーは、応援と一緒。そう受け止めて、力に変えています」

屈辱の銅メダルで奮起、もぎ獲った金メダル

吉田の精神力は強靭《きょうじん》だった。北京オリンピックの決勝戦。連敗ストップの敗戦から半年後、不安の中で迎えた大舞台で、気迫のレスリングで金メダルをもぎ獲った。

「北京の金メダルは私にとっても忘れられないメダルです。実は決勝戦の直前、会場の隅で名前を呼ばれるのを待っている時に、長年指導していただいている栄和人《さかえかずひと》監督から、敗れたワールドカップの銅メダルを見せられたんですよ」

吉田にとっては、屈辱の銅メダルである。

「あの日の悔しさを忘れないために、監督が北京まで持ってきてくれたんですね。監督は『このメダルを覚えているか。もうあんな悔しい思いはしたくないよな』と言いました」

見ると、栄監督は目からボロボロと涙を流していた。

「本当は監督も、最後までそれを見せるか迷ったそうです。私が弱気になったり、緊張したりしてしまう可能性もありましたから。でも、私は、メダルを見せられて燃えましたね。心の中で『銅メダルなんて嫌だ！　絶対に倒す！』と叫んでいました。監督にも、もう二度と悔しい思いはさせない、と思えたんです」

すると、体は軽くなり、心は落ちついていった。決勝戦の吉田は眼光鋭く、相手を射止めた。

「北京で金メダルを獲り表彰されている時、もうロンドンで戦う自分を想像していたんです」

吉田を突き動かすもの、それは勝利への渇望《かつぼう》感と最強の者になりたいという向上心だ。

「夢や目標を持つことって、人間にとって何より大切なことなんですよ。目指すものがあるからこそ悩んでも立ち直れるし、上に上がっていけるんだと思うんです」

もちろん競技とは別の人生の夢や目標もある。

「女性ですから、いつか結婚もしたいし、子供も欲しいですね。でもレスリングは捨てることができません。レスリングもやれるところまでやって、悔いないようとことん頑張りたいです」

世界の女子レスリング選手の目標でもある吉田は、女子レスリングという競技のレベルを押し上げる存在だ。

「ロンドンオリンピックが終わっても、競技を続けていると思います。その先も勝ち続けて、レスリングの魅力を伝え続けていきたいです」

青木宣親

PROFILE　　Norichika Aoki

1982年　宮崎県日向市に生まれる
2000年　早稲田大学に入学し、野球部に入部。同大学野球部史上初の４連覇（2002〜03年）に貢献する
2003年　東京ヤクルトスワローズに入団
2005年　シーズン200本安打を達成。「首位打者」「新人王」獲得
2006年　第１回ＷＢＣに出場。シーズンでは「最多安打」「盗塁王」獲得、「ゴールデングラブ賞」受賞（以降2011年まで６年連続受賞）
2007年　史上最速で500本安打を達成。「首位打者」「最高出塁率」獲得
2008年　北京オリンピックに出場
2009年　第２回ＷＢＣに出場。同大会で、外野手として「優秀選手」に選ばれる
2010年　日本プロ野球史上初となる２度目のシーズン200本安打達成
2012年　メジャーリーグのミルウォーキー・ブルワーズに入団

負けを忘れない強さ

どんな球もはじき返す力強いバッティング。陸上のスプリンターにも勝る俊足と、鮮やかな盗塁。青木宣親が目指すものはチームの勝利である。チームプレーに徹しながらヒットを打ち、懸命に走るからこそ、華やかなゲームの中心にいることができる。青木は、何度もバットを振り抜く努力こそが、勝利への道を切り開く唯一の方法だと知っている。負ける悔しさを胸に秘め、それを力に変えてきた選手だからこそ、望んだメジャーリーグへの挑戦を果たすことができた。それを現実にした今、青木は一球、一打席に情熱を燃やす。

どこにでもいる普通の高校生を変えた、高三の夏

東京ヤクルトスワローズが誇る選手であった青木宣親は、ＷＢＣで二度世界一に輝いた。二〇〇九年三月のＷＢＣでは、不調に苦しんでいたイチローにかわり青木のバットがチームを救った。

「自分がやらねば」という、青木の無言の闘志に、チームは一丸となった。

「ＷＢＣはもちろん、北京オリンピックの時もそうでしたが、国際試合というのは特別な感覚があるんです。国歌が流れた途端に、愛国心って言うんでしょうか、熱い思いが込み上げてき

て、『ああ、俺は日本人なんだ』と強烈に感じていました。だからこそ、勝ちにこだわらなければならなかったし、日本のためにチーム全員で戦えたんだと思うんですよ」

日本代表の選手たちは、どんな瞬間も心を一つにしていた。ゲームに出られない選手たちが率先し声を出してチームメイトをフィールドやバッターボックスに送り出した。

「日本代表の素晴らしいところは、レギュラーでも、ベンチでも、ゲームにかける思いにまったく違いがなかったということです」

プロとして、日本代表として闘うことを誇りに思う青木。彼が野球と出合ったのは、小学校に上がる前だった。

「宮崎で生まれ育ったのですが、近所の子供がみんな野球をやっているような環境だったんです。四歳上の兄も少年野球をやっていたので、僕も自然に始めました。野球というスポーツが大好きでした」

小学校、中学校と野球を続けた青木は、高校でも野球部に入る。しかし、野球強豪校を選ばず、県下で名だたる進学校に入学していた。

「当時は、野球と勉強、両方やってこそという思いがありました。甲子園に出るような強い学校ではなかったので、基本は学業優先です。練習といっても一日せいぜい一時間半程度。僕自身、熱心に練習するよりも部の仲間と遊んでいるほうが楽しくなってしまった。本当に普通のどこにでもいる高校生でした」

　そんな普通の高校生を変えたのが、高校最後の夏だった。

「三年生の夏、県予選であっけなく負けて、その時、ものすごい後悔をしたんですよ。練習も適当で、一生懸命やってこなかった自分に腹が立って。このまま終わっていいのかと、眠れないほどの悔しさが込み上げてきました」

　三年間、何もやってこなかった自分が許せなかった。

「毎日、軽く走って、なんとなくキャッチボールして、それで試合に出ていたんです。野球が大好きなのに真剣に向き合ってこなかった。だから大学へ行って、とにかく野球漬けの生活をしてみようと思ったんです。高校時代の中途半端だった自分を変えたかった」

目標に向かって一直線に進んだ大学時代

　一度の「負け」が、青木を奮起させた。早稲田大学に進学し、六大学で戦う名門野球部へ入る。

「早稲田では野球の練習に明け暮れました。一年生の時は、朝七時からグラウンドに入って、整備をして練習して、終わるのはいつも夜九時か十時。二年生になったら、グラウンド整備の時間も素振りに充てました。高校で練習していなかった分、全然ついていけなくて、最初はケガばかりしていましたけれど」

当時、野球部を率いた野村徹《とおる》監督には、ずいぶんと叱られた。

「高校時代投手だったのが外野手に変わったこともあって、ミスばかりしていました。だから、失敗するたびに全員の前で『コラ、青木！』と怒鳴られました。でも、その野村監督が、足が速いという僕の唯一の取り柄に目をつけてくれた。足を活かした野球というものを徹底的に教えてくださいました」

早稲田時代、青木は目標に向かって走り出す。一度決めた思いは決して曲げなかった。

「多分あの四年間は今までで一番悩んだし、苦しみました。でも『何くそ！』という精神でやるしかなかった。目標に向かって一直線に進むんだという自分の信念は揺るがなかったですね」

日々、卒業後は絶対にプロに行くと自分に言い聞かせ、そのために何ができるかを考えていた。

「高校の野球部では、自分が一番うまかった。けれど大学に入ったら、周りには実際にプロに入れるような選手がゴロゴロいるわけです。だから、そういう選手と自分を常に比較して『自分に足りないのはここだ』とか『これができるようになればプロに行ける』などと、具体的なテーマを掲げ考え続けていました」

悔しさこそが目標に向かうバネになる

そして、二〇〇三年に念願のプロ入りを果たす。

「プロに入っても安堵することはなかった。むしろ、ここで安心している場合じゃないと自分を奮い立たせていましたよ。とりあえずプロ入りという目標はクリアした。次はレギュラーになってすごい成績を残してやろう、と」

ところがその一年目、一軍キャンプのオープン戦に出場した青木は、一三打席連続でヒットが打てなかった。

「コーチからは『開幕から君はファームへ行ってくれ』と言われました。悔しかったですね。でも、自分が出した結果を受け止めるしかない。その時は、気持ちを切り替え『来年は必ず一軍で活躍してみせる』と、目標を定め直しました」

プロの世界は結果がすべて。目に見える結果を出してこそ、上にも上がることができる。ファームで首位打者を獲ろうと考えていた彼は、オープン戦でのふがいない自分を受けとめ、自らが掲げた目的に向けてひたすら走った。

「今自分があるのは、『何くそ！　精神』のおかげですね。一年目、一軍に行けなかったのは僕にとっては大きな挫折だった。しかし、逆にそれがバネになり、必ずやってやるんだという気持ちになれました。逃げないで目標に向かう心の持ち方は、やはり大学のあの四年間が土台になっていると思います」

ファームで首位打者を獲得した青木は、二年目、ついに一軍でレギュラーの座に就き、そこでも首位打者のタイトルを獲った。さらには、イチロー以来史上二人目の二〇〇本安打を達成するのだ。

「すべては、目標を持つという行為に根差していると思っています。目標がなければ、絶対に結果は出ない。二年目に一軍に上がった時は、ただ活躍するのではなく、より具体的に『一軍でも絶対に首位打者を獲る』という具体的な目標を言葉にし、目指しました。その時はまだレギュラーにも決まっていなかったので、人に言ったら笑われたでしょうが、自分の中では揺るがないものでした」

一打席一打席が勝負

青木は、どんな思いで打席に立っているのだろうか。

「日本はワンシーズンで一四四試合でしたが、シーズンのどこであろうが集中力が切れないように打席に立つことを考えていました。僕の場合、一打席一打席、入念な準備をするようにしています。心を整え、対するピッチャーの情報もインプットするんです。安易に打席に入って凡打《ぼんだ》すると、ものすごく後悔しますからね」

それでもミスしてしまった時には、逆に、「明日があるさ」と気分を切り替える。

「気持ちの切り替え、心の持ち方が大切だと思っています。後悔して時間が戻るなら後悔し続ければいいでしょうが、思い悩んでも絶対に過去へは戻れない。だったら、前を向くしかないじゃないですか」

誰よりも勝つことを求める青木は、その情熱を負けることから与えられていた。

「負けの悔しさが僕のモチベーションです。負けからすべてを教わっている。調子が悪い時こそ、何時間でも自分のバッティングに向き合えるんです。孤独ですが、幸福な時間です」

闇雲《やみくも》な闘志だけでなく、目標を達成するための情熱とセオリーを併せ持った青木。だからこそ彼は、メジャーという舞台で未知なる挑戦に身を投じている。

●サッカー

遠藤保仁

PROFILE　Yasuhito Endo

1980年	鹿児島県桜島町に生まれる
1998年	鹿児島実業高校卒業。横浜フリューゲルス入団
1999年	クラブ消滅により京都パープルサンガ（現・京都サンガF.C.）に移籍。U-20日本代表でワールドユース選手権大会準優勝
2000年	シドニーオリンピック
2001年	ガンバ大阪に移籍
2005年	ガンバ大阪Ｊ１リーグ優勝
2006年	ワールドカップドイツ大会日本代表
2008年	ガンバ大阪ＡＣＬ優勝。ガンバ大阪天皇杯優勝（翌年連覇）
2009年	アジア年間最優秀選手（ＭＶＰ）に選出
2010年	ワールドカップ南アフリカ大会出場（ベスト16）
2011年	ＡＦＣアジアカップ出場（優勝）

ワールドカップの熱狂を待ち望んで

遠藤保仁が放つゆるやかなペナルティーキックが決まるたびに、彼のサッカーが類《たぐ》い希《まれ》な想像力と知性によって構築されていることが分かる。ゴールキーパーの体重移動の一瞬の隙を突いてゆるやかに転がりながらゴールマウスに吸い込まれるボールの軌跡は、遠藤が勝利をたぐり寄せるための哲学であり、意志だ。仲間への信頼とサッカーというチームスポーツへの愛情は、華麗なパスやシュート、献身的な守備となって、九十分の間、絶え間なくピッチにちりばめられる。飄々《ひょうひょう》とした表情の遠藤が作り出す熱狂を、サッカーファンはゲームのたびに待ち望んでいる。

ワールドカップ南ア大会に込めた思い

遠藤保仁は、二〇一〇年六月に開催されたワールドカップ南アフリカ大会で、鮮やかなフリーキックを決めた。六月二十五日グループリーグ第三戦、対デンマーク戦でのことだった。グループリーグ三試合と決勝トーナメント一試合にスタメン出場を果たした彼は、四試合のトータルでチームナンバーワンの走行距離を記録し、ベスト16入りに貢献した。

遠藤が南アフリカ大会に込めた思いは特別なものだった。二〇〇六年のワールドカップドイツ大会で、ピッチに立てなかったフィールドプレイヤーは、唯一遠藤だけだった。

「ブラジル戦の後半、ピッチに立てる最後のチャンスだった選手交代でも、結局、僕の名前は呼ばれませんでした。本当に悔しかったですね。悔しさでは、試合に出て一勝もできなかった選手に負けないと思います」

遠藤はその経験を力に変えていった。

「僕は、次のワールドカップのためだけに練習し、コンディションを整えたわけではないんですよ。クラブ（ガンバ大阪）の一員として、毎試合、持っているパワーを一〇〇％出し切ってプレーしようと考えていました。その積み重ねで精神面も技術も磨いたつもりです。結果として、すべての経験を南アフリカでの闘いに注ぎ込むことができました」

文字通り、遠藤はドイツから南アフリカまでの四年間、日本代表を牽引する。同時に、所属するガンバ大阪でもACLや天皇杯など数々のタイトルを奪取した。二〇〇八年のクラブワールドカップでは、準決勝を闘ったマンチェスター・ユナイテッドのアレックス・ファーガソン監督をして「決勝で対戦したチームには、遠藤ほどのイマジネーションを持った選手はいなかった」とまで言わしめた。

「ファーガソン監督の言葉はニュースで知ったのですが、僕自身、とても感激しました」

もっと強く、賢くなりたい

遠藤はサッカー以外のスポーツに熱中したことがない。彼には、実業団で活躍した長兄の拓哉と横浜Ｆ・マリノスに所属した次兄の彰弘という二人の兄がいるが、彼らと一緒に、物心ついた頃にはサッカーに夢中になっていた。

「兄たちがサッカーをやっていたので、僕も自然に始めたんです。朝は早く起きて、ご飯を食べたら庭に出る。兄弟三人でミニゲームをやるのが日課でした。母が『七時半よぉ』と呼びに来るまでサッカーをやって、それから学校へ行くんです。家の中でもよく風船をボール代わりにオーバーヘッドキックの練習をしていましたね。床に布団を敷いて、痛くないようにして。そういうサッカーが、楽しくて楽しくて、何時間やっても飽きませんでした」

その当時から「勝負に勝ちたい」という気持ちは誰にも負けなかった。

「毎日ミニゲームをしていた頃、僕は小学校低学年で、対する兄たちは中学生です。まるで大人と子供でしたが、それでも負けたくなかった。兄たちに軽くあしらわれても絶対にあきらめなかったし、泣きながらでもボールを追いかけました」

中学校を卒業すると、サッカーの名門校、鹿児島実業高校に進学する。プロを意識したのはその頃だった。

「Jリーグが発足したのが一九九三年。僕が中学二年生の時でした。次兄がマリノスに入ったこともあって、高校一年の時には、自分もプロになるんだって決めていましたね。鹿児島実業のサッカー部は、全国制覇が目標でしたし、プロを目指している先輩も多かった。だから、練習しながら、プロのレベルの技術とイマジネーションを自分のものにするんだ、と言い聞かせていましたね」

その夢が叶って、高校卒業後、Jリーグ入りを果たす。

その翌年にはU-20日本代表にも選ばれ、一九九九年のワールドユースに出場した。フィリップ・トルシエを監督にゴールデンエイジと呼ばれたメンバーは、何もかもが日本と違うアフリカの地で準優勝という快挙を成し遂げる。

「ワールドユースは一生の誇りです。気候も過酷なら、滞在先のホテルなども酷《ひど》い環境でした。そういう厳しい状況の中で結果を出せたのは大きな喜びですし、何より、チームメイトを信頼してプレーすることを学びました」

その準優勝メンバーである小野伸二、稲本潤一、高原直泰《なおひろ》らは、その後の日本代表に名を連ねた。

しかし、遠藤は、上昇気流に乗る他のチームメイトとは違っていた。

「そこからが苦しみの連続でした。自分の力のなさを痛感させられたのが、翌年のシドニーオリンピックです。僕は予備選手として現地に同行しましたが、登録メンバーではないので、いざ試合となるとスタンドで観戦させられたんです。ベンチではなくスタンドで。一般のお客さんと同じ席で、同世代の選手たちの活躍を観ていたあの時間は、忘れられません」

遠藤は目の前のピッチにいる選手たちと自分との、果てしない距離を感じていた。

「彼らは、遠い存在でしたね。悔しくて仕方なかったけど、そういう気持ちを出したらチームの雰囲気は一瞬で悪くなるじゃないですか。だから普通に楽しげに話したり、一緒にゲームをして盛り上げたりしていたんです。予備選手として、レギュラー陣にひがんだような態度を取るわけにはいかなかった。でも、外見と内面は、真っ二つに分かれていました」

その悔しさが己《おのれ》の成長につながった。

「シドニーから帰国後、サッカーに取り組む姿勢が完全に変わりました。もっと強く、また賢くなりたいと思ったんです。対戦相手にはもちろん、ポジションを争う同世代の選手たちにも絶対負けたくないと思った。必ずレギュラーになってやると誓って、徹底的に練習に打ち込みました。もう、サッカーのことしか頭になかったです」

この辛い経験があればこそ、ドイツ大会で出場できなかったという屈辱も乗り越えられた。

「シドニーの経験があり、日本代表で競い合うなら、こうしたことも乗り越えなければならないんだと、胸に刻んだんですよ。だから、どんなことがあっても、ふてくされたり、クサったりすることはなかったです。ドイツ大会のことも、今では『出られなくてよかった』とすら思っているんですよ。あの時、試合に出ていたらそれで満足していたかもしれない。でも僕は一秒もピッチに立てなかった悔しさを抱えながら四年間を過ごして、今がある。この途轍《とてつ》もない悔しさが自分を成長させてくれたんだと思います」

名将オシム監督との出会い

遠藤が、自分のサッカーに確固たる自信を持てたのはある名将との出会いがあったからだ。ドイツ大会後、代表監督に就任したイビチャ・オシム。オシムは、彼が選んだ最初の代表メンバーに遠藤を入れた。

「オシムは常々、個々の選手はチームのために何ができるかを考えなさい、と言っていました。そして、どんな時も『走れ！　走れ！』と言われていましたね。最初は迷うこともあったんです。がむしゃらに走らなくても、もっと効率よくプレーできるんじゃないか、と。でもオシムの下でプレーしているうちに、サッカーはボールに触っている時間以外にも、チームに貢献し、ファインプレーを生み出すことができるんだ、と実感するんですよ。走ることで、確かに相手チームの脅威になることができるんです」

ただ走るのではない。相手のパスやシュートコースを塞ぎ、チームメイトに攻め入るスペースを作るために走るのだ。考えながら走るうちに、遠藤はある思いに突き当たった。

「はっきりと思い出したんです。小学生の頃、とにかく『勝ちたい』という気持ちで走り回っていた自分を。サッカーが楽しくて仕方なかった自分のことを。忘れかけていたあの頃の楽しさを思い出し、原点に戻れましたね」

　オシムが求めた走力と献身のサッカーは、岡田武史に引き継がれ、南アフリカで一つの結実を見る。

　遠藤は、岡田が最後まで「日本はベスト4を狙う」と宣言していたことが何より嬉しかった。

「岡田さんは、本気でそれを目指していましたし、僕らもそうだった。周りがなんと言おうと関係ありませんでした」

　南アフリカでのワールドカップは、選手が漠然とプレーするのではなく、明確な目標があった。そして、皆がそのためにすべきことを考えた。

「そうした思いが、チームを一つにした一番の理由でした。南アフリカ大会の日本代表は、これまでで一番強いチームだった。ドイツ大会のメンバーは、個々の能力だけなら最強でした。でも実際に闘ったら、南アフリカの日本代表が勝つんじゃないかと思います。それは、ベンチも含めて全員がチームのために闘っていたからです。それがサッカーというスポーツの真髄なんだと思います」

遠藤は、この先も自分を最も奮い立たせる場所に立ち続ける。

「勝ち負けがある以上、『勝ちたい』としか思えません。小さい頃から抱いていたその気持ちを、これからも忘れずにいたい」

Ｊリーグにも、二〇一四年に開催されるワールドカップブラジル大会にも、遠藤が求めるゲームがある。

「現役でいる限り、最高の舞台と、最高のパフォーマンスを求めていきたいです」

第2章

自分との闘いに勝つ

●フィギュアスケート

荒川静香

PROFILE

Shizuka Arakawa

1981年　神奈川県鎌倉市生まれ。5歳でスケートと出合い、小学3年生で3回転ジャンプをマスターし「天才少女」と呼ばれる

1994年　初めての国際大会（トリグラフトロフィー）で優勝。全日本ジュニアフィギュア選手権優勝（96年まで史上初の3連覇達成）

1997年　シニアへ移行。全日本選手権優勝

1998年　長野オリンピック出場（13位）。世界選手権初出場（22位）。全日本選手権2連覇達成

2000年　早稲田大学入学（04年卒業）

2004年　世界選手権優勝

2006年　トリノオリンピック金メダル獲得。プロ転向。自身が手がける「フレンズ・オン・アイス」をはじめ、現在は国内外のアイスショーを中心に精力的に活動中。プリンスホテル所属

何を表現し、何を伝えられるのか

ルチアーノ・パバロッティの歌う「誰も寝てはならぬ」を聴くたび、トリノオリンピックで氷上に立った荒川静香の姿が浮かぶ。青と水色のコスチュームに身を包んだ彼女は、リンクを滑り始めると、苛烈《かれつ》なメダル争いに身を投じていることが信じられないほど、美しく穏やかな表情を見せた。氷上での数分間に何を表現し、何を伝えられるのか。自分にそう問いかけた荒川は、観る者にフィギュアスケートの楽しさと美しさを届けたいと真に願った。金メダルに輝いた彼女は、同時に金メダルを超えた〝美への共感〟をも摑んだのである。

トリノオリンピックへの出場を決意した理由

現在はプロスケーターとして競技を続ける荒川静香。二〇〇六年のトリノオリンピックでメダルを目指していた頃の生活では、今とは違った緊張を強《し》いられていた。

「とにかく、集中力が必要な日々でした。スケートリンクではもちろん、そこを離れても、いつも緊張した生活を送っていたような気がします」

荒川は自分が闘争心を糧《かて》に戦う選手でないことを知っていた。

「私は、人と争うことが好きじゃないんです。もともと、勝つことに執念を燃やすとか、勝負にこだわるとか、そうした意識の薄い選手でした。一九九八年に十六歳で長野オリンピックに出場して、子供の頃から抱いていたオリンピック出場という夢が叶ってしまった。それで、もうこれ以上は上を目指さなくてもいいんだ、と思ったんです。楽しくスケートができればいいかな、と完全に闘争心を封印して滑っていました」

是が非でも世界の頂点を目指すという野心がなかった彼女は、オリンピックに拘泥《こうでい》することもなかった。

「トリノオリンピックの二年前、二〇〇四年の世界選手権に出場して優勝しました。本当は、その時に引退しようと思っていたんです。自分のスケートの限界も見えた気がしていました。ところが、『次はトリノオリンピックへ』という周囲の期待に逆らえず、中途半端な気持ちのままリンクに立ち続けていました。とても苦しい時期でしたね」

そんな荒川が、心からトリノへの出場を決意する瞬間が訪れる。

「二〇〇五年の世界選手権では九位に甘んじ、酷く落ち込みました。その時期の迷いだらけの自分がイヤで、このまま終わったら絶対に後悔すると思ったんです。結果はどうであれ、スケートと真正面から向き合って、満足してからでなければ終われない。オリンピックまであと一年と迫ったところで、やっと気持ちを吹っ切りました」

メダルを求める気持ち以前に、自分が今一度スケートに取り組み、納得する滑りを作り上げたい。そのことに荒川は夢中になった。

「毎日、今日死んでもいい、今日がスケート最後の日になっても後悔しない、そう思えるくらいの気持ちで過ごしていました。もしかしたら、オリンピック選考で落ちるかもしれないし、ケガもあるかもしれない。でも『自分は持っている力を出し切ることができて、心から満足している』と思えれば、納得できるはずだ、と」

壮絶な決意は疑いのないものだった。が、葛藤はあった。

「トリノを目指していなければ、こんなに自分を追い込む必要もなかったのに、と落ち込むこともありました。元気な時は前向きでいられますが、疲れてくると掘り返しても意味のない部分を掘り返してしまう自分がいたんです。どんなスポーツでもそうだと思いますが、一〇〇%満足して選手生活を終えられるアスリートは、むしろ少ないですよね。ある程度の妥協や、これ以上は無理だという限界を感じて引退していく選手が多いのではないかと思います」

彼女自身、一度は自分のピークを体感し、その先には進めないと限界を感じてからのチャレンジだった。逡巡《しゅんじゅん》がないはずがない。

「限界を感じながら、それでもトリノオリンピックを目指せたのは、私にとって一番大事なことが順位やメダルではなかったからです。世界選手権で優勝した時の自分より、成長できたかどうか。そして、観てくださる方にフィギュアスケートの魅力を伝えることができるか。それが最も重要なことでした。自分の限界を超えることが唯一の目的だったんです」

トリノへの挑戦は、彼女にそれまでにない覚悟を強いていた。

「オリンピック本番に向けて練習していた時には、昨日より今日の練習時間を一分でも長くしたいと感じていました。それを続けると『今日は昨日より五分多く』『明日はまた五分多く』と、厳しくなり過ぎてしまうんです。最後は休息の時間を削って練習していました。そんな時は一度リセットして、問題は時間じゃない、いかに集中するかだと自分に言い聞かせるようにしていましたね」

「イナバウアー」は存在証明

人と争うのが苦手な荒川は、絶えず自分自身と闘っていた。

「過去の自分に、今の自分が負けたくない。だから常に、自分にチャレンジする。そういう意味では、相当な負けず嫌いだったかもしれません」

トリノオリンピックで、演技に「イナバウアー」を取り入れたことも大きな賭けだった。事実、イナバウアーは順位を決める採点には反映されていなかった。

「背を大きく反《そ》らすあの姿勢は、無呼吸状態で負担も大きい。あの後に三連続のジャンプなどが控えていることを考えると、無理する必要はなかったんです。でも、コーチから『ここで入れなくてどこで入れるの？』というアドバイスがあり、自分らしいスケートをするためにも入れることを決心しました」

荒川の華麗さを表現するための技は、彼女の存在証明でもあった。

「振り付けを考える段階で、ジャンプ、スピン、ステップと点数になるすべての技をプログラムに詰め込んだところ、五秒の時間が残ったんです」

その五秒にイナバウアーを見せるのは、自分らしさを示す最良の機会だった。

「その後のジャンプはちゃんと飛べるだろうかと、不安になりましたが、ニコライ・モロゾフコーチも『絶対に大丈夫だ』と賛成してくれました。技術だけじゃない、美しさや強さといった人の感性に訴えかける何か。そんなフィギュアスケートならではの素晴らしさを、オリンピックという大舞台だからこそ見せたいという思いが大きかったです」

採点を優先し、点数にならない演技が削られていく中で、荒川のイナバウアーは、得点とは別な感動を観衆に与えていた。そのチャレンジが功を奏し、金メダルという大きな実を結んだのである。

「当時は新しい採点法が導入されたばかりで、戸惑いもありました。今ではルールもだいぶ定着し、点数に結びつく技と芸術性とを同時に表現することで順位を競う時代になりました」

プロのスケーターとアマチュアの競技選手との違いを荒川はこう言った。

「競技なら自分のために滑ればいい。けれど、プロは、お金を払って観に来てくださる方々に満足していただくことが一番大事なこと。そこが一番の違いです」

観客のために滑ることで、自分らしい表現はさらに増えているという。

「もっと違った表現を求めたい、という気持ちが強くなっています。競技なら、ルールがあって高得点さえあげれば、それがいいスケートになります。でもプロの世界には、ルールも得点もありません。自分で明確なビジョンを持って取り組まないと、すぐにダメになってしまう厳しい世界です」

常に印象に残るスケーティングを提供したい。荒川は競技選手時代以上に、その思いを際立たせている。

靴を脱ぐその日まで、成長し続けたい

「一度自分でハードルを下げてしまったら、技術も質もスケートに対する気持ちもどこまでも落ちてしまう。プロというのは、下りのエスカレーターに乗りながら昇っていこうとするようなものだと思っています。現状維持だけでも大変です。意志の力で昇っていかないと、すぐにレベルは下降していく。コーチがいませんから、自分をどこまで追い込むかも自分次第。選手の時以上にセルフコントロールが必要だと感じています」

自分との闘いを続けてきた荒川にとっては、本領発揮のステージだ。

「人と争うのは、つくづく向いていないんですが、自分には絶対負けたくない。ショーを重ねることでその気持ちは一段と大きくなっています」

現在では、その練習も、量より質に比重を置いている。

「一年中ベストコンディションを保つのは難しく、体調に波もあります。朝起きた時に、『ああ、今日は良い練習できないな』と思うこともあります。そんな日は休みます。そして、練習できなかったことを後悔するのではなく、明日いい練習をするために休んだんだとプラスに考える。そうやって時に自分を許すことも覚えました」

オリンピックへの出場、そして金メダル獲得は、彼女のゴールではなかった。

「スポーツをやっていると、オリンピックがゴールだと思いがちです。金メダルを獲ってしまったら、次に目指すものはもうないいんじゃないかって思われますよね。でも、違うんです。私にとってのゴールは、やはりスケート靴を脱ぐ日。その時までは、日々、昨日の自分より成長していたい。まだまだチャレンジの途中なんです」

福見友子

PROFILE　Tomoko Fukumi

1985年　茨城県土浦市に生まれる。小学校２年生で柔道を始める。土浦日本大学高校卒業

2002年　高校２年生で出場した全日本選抜柔道体重別選手権大会で、当時65連勝中だった谷（田村）亮子を破る

2004年　筑波大学入学

2007年　全日本体重別で初優勝

2009年　全日本体重別優勝。世界柔道選手権大会で初優勝

2010年　全日本体重別優勝。世界柔道選手権大会２位

2011年　世界柔道選手権大会２位

2012年　全日本体重別優勝により、ロンドンオリンピック代表に選出。了徳寺学園所属

少女が世界を目指す時

福見友子が対戦相手を前に見せる毅然《きぜん》とした表情は、柔道が敵を組み伏すだけの格闘技ではなく、肉体とともに魂を磨き鍛える武道であることを教えてくれている。そして、柔道こそ日本の神髄だという誇りと自負が、あの鮮やかな背負い投げに込められる。バルセロナオリンピックで観た古賀稔彦《こがとしひこ》の金メダル獲得に憧《あこが》れた八歳の普通の少女が、世界一を目指すまでには想像を超える孤独と努力の日々があった。しかし、今日《こんにち》の彼女には、その苦難の時間にすら感謝できる真の強さが具《そな》わっている。

福見が求める理想の柔道

「自分より若い選手がどんどん力をつけてきているので、私自身、試合のたびに、挑戦者の気持ちで臨んでいます」

そう語り、二〇一二年五月、ロンドンオリンピック最終選考会を兼ねた全日本選抜柔道体重別選手権大会に出場した福見友子。準決勝で一本勝ちすると、決勝では高校生の岡本理帆《りほ》を三－〇の判定で破り、四度目の優勝を果たした。ついに、念願のオリンピックへの出場を決めた瞬間だった。

「強い気持ちを持って戦うことが大きな力になる。そう信じていました」

柔道は、考えて判断し技を仕掛けたのでは遅すぎる。人間の反射神経を超えた、本能的な動きと、鍛錬により身につけた正確な技を持っていなければ勝利することができない。力だけで組み伏すことができない小さな福見は、誰よりもそのことを知っていた。

「そのためには稽古が大切です。練習中は目一杯頭を使って考え、技を覚えます。それを繰り返すことで、試合では無心のうちに技が出ることがある。柔道は、考える前にもう相手が倒れているのが理想です。そんな試合運びができるよう、日々、練習に打ち込んでいます」

無心で繰り出した技で一本を取った時の爽快感《そうかい》は何物にも代え難い。

「自分でも『これを求めて柔道を続けてきたんだ』と思います。快心の技で勝った時には、感動して全身が熱くなりますからね」

「体勢だけでなく、相手の心も崩せ」

福見の柔道は、その美しさに定評がある。まるで古典バレエのようなしなやかさが、格闘技であることを忘れさせる。

「私は、心と体のバランスが一致していることが一番大事だと思っています。試合に負ける時は、力だけで攻めたり、強引に技をかけたりするパターンが多いんです。精神的に余裕がなくて、体に無駄な動きが多くなり、最後にバランスを崩してしまうんですね」

柔道はただ力に頼るだけでは勝てない。

「力を入れるのは簡単ですが、抜くのは意外と難しいんです。相手の動きをしっかり感じていないと緩急《かんきゅう》はつけられない。自己中心では思い通りの技は決まりません」

相手の動きを敏感に察知し、一瞬のチャンスを見つけ出す。

「柔道の基本は相手の体勢を崩して技に入ることですが、大学の先輩には『体勢だけでなく、相手の心も崩せ』と教わりました。相手の心の動きを意識していると、組んでいる最中に『今、向こうは気持ちが一歩引いたな』と、分かるんです。その瞬間を捉えて攻めることができるかどうか……、そうした駆け引きが勝敗を分けますね」

福見には相手を威圧するような闘争の表情がない。むしろ、試合に臨む彼女の周囲には静けさが漂うほどだ。

「柔道は礼節を教える武道であると同時に、体と体がぶつかり合う格闘技でもあります。もちろん、相手を打ち負かそうとする気持ちが必要なのですが、私にはその気持ちが強くありません。それより、いかに己の持っている最高の力を出すかに集中していますね。自分の強さを示すことが闘争心につながっていくと思います」

福見は、稽古の時も、試合中も、自己内対話を忘れない。

「気持ち次第で、流れが変わり、有利にも不利にもなるんです。畳《たたみ》の上では『ここで一歩下がっちゃダメだ』『今こそ、前へ』などと常に自分と対話しているんですよ」

自らに克《か》つことが勝負の結果にもつながる。そんな境地に至るまでには、長い道のりがあった。

巨星に勝った重圧を抱えて

柔道を始めたきっかけは、バルセロナオリンピックの古賀稔彦の金メダルだった。負傷を抱えながら試合に挑む古賀の雄姿は、幼い福見の心を捉えた。

「小学校二年生で詳しいルールも分かりませんでしたが、『古賀選手は、ケガしているのにすごいな』と、ただ感動していました。その後、すぐに『柔道をやりたい』と親に頼んで町道場に行ったんです。でも、最初は受け身ばかりやらされるので、痛くてよく泣いていました。父や母に『やめたい』って何度も言いましたよ」

だが、投げ技の稽古が始まると気持ちが一変した。

「あまりに気分が良く、やめられなくなりました。一番熱心に教えてもらったのが背負い投げです。相手がポーンと飛んでいく感覚は、一度知ったら忘れられません」

決まれば自分より大きな男子でも投げられる。まるで魔法が使えたような気分だった。

「もう、そこから柔道にはまってしまったんですね。今でも背負い投げで一本取る瞬間が一番気持ちいいです。小学校の卒業文集には『将来はオリンピック選手になる』と書いていました」

しかし、成長するに従って、福見は途轍もない壁に直面する。同じ四八キロ級には谷（当時・田村）亮子選手という巨星がいた。

「私が小学生の時から、すでに谷さんは選手として活躍していました。だからライバルというより、憧れの人です。子供の私は、合宿を見に行ったり、一緒に写真を撮ってもらったりもしました」

谷にとっても福見は忘れ難い相手となる。公式試合で六五連勝中、日本人には十二年間負けなしだった谷を、高校二年生だった福見が破ったのだ。日本中が驚いた。

「私には、連勝を止めるという意気込みはなかったんです。谷さんはあまりにも大きな存在でしたから、闘えるだけで嬉しくて。それに、とても緊張していました。終わった後も『ああ、勝てちゃった……』という感じだったんです」

まさに無欲の勝利だった。

「それより、二回戦で負けたので、その悔しさのほうが大きかったです。谷さんに勝てたのはまぐれだと言われても仕方がありませんでしたから」

ところが、二回戦で負けた福見をメディアは煽《あお》り立てた。以後、彼女は「谷亮子を破った高校生」とクローズアップされ続けるのである。

「私にとっては苦い記憶です。あの大会の後、私は周りの目を気にするようになってしまったんです。『勝たなくちゃいけない』というプレッシャーばかり強くなって、いざ試合になると体が動かない。同じ高校生相手にも勝てないどん底の時期が続きました」

柔道が好きで、稽古に没頭した福見にとって、勝つ難しさを初めて痛感した時期だった。

日本でなく世界。もう視線はブレていない

苦しみながらも、重圧を乗り越えた福見は、日本トップクラスの選手へと成長を遂げる。そして五年後の二〇〇七年、全日本体重別で再び谷を破り、優勝。世界選手権代表に選ばれ、その先の北京オリンピックへの出場をも夢見ていた。ところが、オリンピック出場を果たしたのは谷だった。

「あの全日本の直前、私は調子を落としていたのですが、どうしても大会に勝ちたくて死に物狂いで練習をしていたんです。だから優勝できたことに、ものすごい達成感がありました。でも今思えば、私が目指していたのは谷さんに勝って日本一になることでした。一方、谷さんは、常に世界に照準を絞って闘っていた。その背中を追いかけていただけの私とは大きな違い

があったんです。試合に勝ったとはいえ、実力差は歴然としていました」

オリンピック代表になれなかった悔しさを、福見は、四年後への挑戦の決意に変えていた。

「二〇〇八年の北京オリンピックへの出場が叶わなかった直後から、真っすぐに世界を見ていました。そういう気持ちの定め方も、北京へ出場できなかった経験から学びました」

その後、世界選手権で優勝し、世界の頂点に立つ機会を得た福見は、ロンドンオリンピックを前に一切の迷いから解放されている。

「今度こそ、日本一じゃなく、世界一を見据えればいい。その視線は絶対にぶれません。腹を決め、たった一つの目標に向かうだけです」

◉水泳

松田丈志

PROFILE Takeshi Matsuda

1984年　宮崎県延岡市に生まれる。４歳で水泳を始める。東海スイミングクラブに通い、久世由美子コーチに師事
2003年　中京大学入学
2004年　アテネオリンピック出場（400メートル自由形８位入賞）
2005年　世界水泳選手権200メートルバタフライ銀メダル獲得
2008年　北京オリンピック200メートルバタフライ銅メダル獲得
2010年　広州アジア大会200メートルバタフライ金メダル獲得
2012年　日本選手権 200メートルバタフライで優勝し、ロンドンオリンピック代表に内定。コスモス薬品、東海スイミングクラブ所属

境遇を言い訳にせずに

人は生まれる時代や場所を選べない。そこにある現実を受け入れるところから、すべての挑戦はスタートする。宮崎県延岡《のべおか》の地に生まれた松田丈志は、ビニールで覆われた屋外のプールで練習する自らの境遇を一度も言い訳にしなかった。泳ぎを磨き上げる彼の情熱は、アスリートにとっては悪条件としか言えない環境に反比例し、鎮《しず》かに燃え盛っていった。勝利への集中力はたった一度も途切れることがなかった。北京オリンピックの二〇〇メートルバタフライ銅メダルは、決して折れなかった意志の証《あかし》である。

「ビニールハウスプール」から夢に向かってスタート

松田丈志のホームグラウンドである、宮崎県延岡市の「東海《とうみ》スイミングクラブ」。このプールこそ松田をオリンピックメダリストにまで育て上げた場所だ。松田が最初にこのスイミングクラブに来たのは四歳の時だった。

「姉が通っているのを見て、僕もやりたいと思うようになりました。もともと水が好きだったんですね。幼稚園でもプールが好きでしたし、近くの川でもしょっちゅう泳いでましたから。魚を獲ったり、橋から飛び込んだり。水辺は僕らの遊び場でした」

自然の中でたくましく育った松田だが、屋外のプールで一年中トレーニングするのは容易なことではなかった。当時、温水ボイラーがなかったプールで、子供たちは冬も練習を休まなかった。

「水温が九度くらいで、長くは水の中に入っていられなかったです。ですから冬場は練習といっても、田んぼの周りを一〇キロメートルぐらい走ってから、最後にプールでひと泳ぎする程度でした」

東海スイミングクラブは、もともと宮崎県延岡市立の中学校のごく平凡な屋外プールを練習場に開設された。それを市民や父兄が「せめて風よけを」と資金を出し合い、二五メートルプールの全面をビニールで覆った。地元では「ビニールハウスプール」と呼ばれるスイミングクラブで、松田は夢に向けてスタートを切った。

オリンピックを初めて意識したのは小学校二年生の時のバルセロナオリンピックだった。二〇〇メートル平泳ぎで、十四歳の岩崎恭子《きょうこ》が優勝した、あの瞬間だ。

「それで学校の文集に『僕の夢は、四年後の小学六年生でオリンピックに出ること』と書いたんです。その次の四年後では高校生になってしまうから遅いと思いました。生意気にも、中学二年生だった岩崎さんを超えたかったんですね」

小学校四年生で初めて全国大会に出場。瞬《また》く間に力をつけタイムを縮めていった。

「ただ、僕はいつも二番だったんです。宮崎県でも二番、九州でも二番。今思えば、最初から一番じゃなかったからこそ頑張れた。なんとか一番の子に勝ちたいという一念で、記録を伸ばしていけたと思うんです。そうやって『やり抜けばできるんだ』という成功体験を重ねられたことが、現在の僕を築いているんだと思います」

メダルの有無、歴然とした差を経験

そんな松田の頑張りを支えたのが、今も全面的に信頼を寄せている久世由美子コーチだ。久世コーチと松田の二人三脚の歩みは、彼がこのプールを訪れた四歳の時にスタートする。
「もちろん僕はまだプール際でバシャバシャやっている程度ですから、久世コーチを見て『なんか怖そうなおばちゃんがいるな』と思っていました。本格的にコーチの指導を受けるようになったのは小学生になってからです」

そこから、二人はいくつもの挑戦を重ね勝利を摑んでいった。中学二年、三年と全国大会での優勝も果たし、高校は県外の強豪校からもずいぶん声がかかった。
「でも、結局地元の高校に進んで、久世コーチと一緒に競技を続ける道を選びました」

もっと良い設備や環境で練習できるチャンスもあったが、それでもコーチの指導を受け続ける道を選んだ。大学進学の時にも、久世コーチの指導から離れる気持ちはなかった。

「高校三年生でパンパシフィックとアジア大会という国際大会に代表入りしながらも、結果を出せなかった。その悔しさをコーチとともに味わっていたので、やはり一緒に世界を目指して、素晴らしい結果を出したいという思いが強くありました」

松田は自分とコーチをともに受け入れてくれる大学を探した。松田の願いを受け入れた中京大学に進学すると、コーチは単身赴任で名古屋へ赴《おもむ》いてくれた。

「コーチには家族がいましたが、僕のために一人で名古屋に来てくれたんです」

コーチの夫は、試合前には必ず久世家を訪れ、仏壇に手を合わせる松田を我が子のように思い、妻に「彼がオリンピックに出るまで、後悔のないように指導してきなさい」と快く送り出したという。

「コーチにもコーチのご家族にも、感謝の念しかありません」

二〇〇四年、ついにアテネオリンピックへ出場する。四〇〇メートル自由形で日本人としては四十年ぶりの決勝進出を果たした。

「ただ、入賞はできても、やっぱりメダルが獲れなければダメなんですね。あのレースは、悔しさだけが残りました。特に、終わって帰国してからがみじめだった。成田に着いたら、メダリストはものすごい歓声とカメラのフラッシュを浴びます。が、メダルとは無縁な僕らはまるでオマケみたいなもの。その上、係の人が来て『メダリスト以外の選手は、ここで解散です。

お疲れさま』なんて言われてしまう」

松田は、自分でリムジンバスのチケットを買って帰路についた。

「オリンピックは出場するだけでも意義があるとよく言われます。でも実際は、出場するだけで結果が出せなければ、逆にものすごい敗北感が残るんです。だから、次の北京オリンピックの時は『出るだけだったら行かないほうがましだ』とまで思いました。出る以上、絶対メダルを獲ってやる、と」

メダルを獲った者と獲らなかった者。その歴然とした差を経験した松田が、人知れず抱いた敗北感こそ、彼の闘志に火をつけた。

その言葉通り、二〇〇八年の北京オリンピックでは二〇〇メートルバタフライで銅メダルを獲得。しかも自身の持つ日本記録も大きく更新した。地元だけでなく、九州全土で「ビニールハウスプールのヒーロー」と大騒ぎになった。松田は、メダルが自分の栄誉だけではなく、人々をこんなにも喜ばせることを知って感激を大きくするのである。

「メダルが獲れないとどれだけ悔しいか、それをアテネで実感していたからこそ北京で力を出せたと思います。支えてくれた方々への感謝を結果に変えたかったですしね。また、大舞台を一度体験しているというのは大きいんですね。海外の実力のある選手でも、やはりオリンピックの場では緊張する。自滅してしまう選手も多いんです。その点、一度でも経験していれば、平常心で闘い、自分のベストパフォーマンスを見せることだけに集中できます」

二〇〇メートルバタフライでは、二分にも満たない時間で勝負が決まる。その二分間に、松田はいろいろな思いを巡らせていた。

「そのたった二分のために、四年間厳しく辛い練習に耐えてきた。レースを闘っている最中、過去の光景が、自分には見えていました。だから、その二分間は全然苦しくなかったです。四年間が凝縮された、特別な時間でした。メダルが決まった時は喜びが爆発しましたよ。一生のうちで、あんなに嬉しかったことはありません」

スポンサー探しの経験は無駄じゃない

北京オリンピックの後、ロンドンオリンピックへの挑戦にも迷いがなかった。しかし、大学卒業後、水泳に専念することを決めた松田には、スポンサーの不在など競技以外の面での苦労も多かった。

「やはり不況もあって、そう簡単には支援してくださる企業が見つからない。約五〇〇社に手紙を書き、合宿先にもリクルートスーツを持ち込んで、時間を見つけては企業訪問にも出かけました。会ってくれればいいほうで、ほぼ全滅でした。結果的にはコスモス薬品という地元宮崎創業の企業がスポンサーについてくれましたが、途中は正直、引退も考えました」

ビニールハウスプールに始まり、大きな組織や恵まれた環境に頼らず、自分の力で前進してきた松田は、こうした環境こそ自らの力になったと言い切った。

「どん底を経験したからこそ身についた底力もあるんじゃないかという気がします。五〇〇社に断られる経験はしなくていいものだったかもしれないけれど、でも、決して悪い経験じゃなかったと思います。あきらめられない自分を確認できましたから」

日本のアスリートたちが直面する経済的な問題にも正面から向き合った彼の経験は、この先、指導者になっても絶対に活きるはずだ。

「久世コーチがいつも言うんですよ。『己に勝て、そして他人に勝て』と。競技そのものに限らず、やはり自滅しないだけの精神的強さを持つことが選手には必要だと思います」

水泳日本代表でも北島康介に継ぐ存在になった彼は、以前にも増して勝利に貪欲《どんよく》だ。

「結果を出すこと。それが三度のオリンピックに出場する僕の一番の役割だと思っています。前のレースより、次のレースでもっといい泳ぎをしたい。その気持ち一つで練習しています」

松田には夢がある。

「将来は、この延岡にスイミングクラブを作りたいです。自分が得られなかった環境を作って、この地で水泳選手を目指す子供たちを育成し、応援したいです」

◉陸上長距離走

柏原竜二

PROFILE Ryuji Kashiwabara

1989年　福島県いわき市に生まれる。中学生で陸上競技を始める
2005年　福島県立いわき総合高校入学
2008年　東洋大学入学。関東インカレ１万メートルで３位入賞
2009年　第85回箱根駅伝で５区を１時間17分18秒で走り新記録を樹立。東洋大学初の総合優勝に貢献。「金栗四三杯」受賞
2010年　第86回箱根駅伝で再び５区を走り、記録を１時間17分８秒に更新。東洋大学の２年連続総合優勝に貢献。「金栗四三杯」受賞
2011年　第87回箱根駅伝で３度目の５区を走り、東洋大学の３年連続往路優勝、往路大会新記録の樹立に貢献（東洋大学は復路で逆転を許し総合２位）
2012年　第88回箱根駅伝で４年連続の５区を走り、記録を１時間16分39秒に更新。東洋大学の４年連続往路優勝、前年の往路大会新記録の更新、総合優勝、大会総合記録の更新に貢献。「金栗四三杯」受賞。現在、富士通陸上競技部所属

勇気に支えられた激走

箱根の山を走る柏原竜二の姿を思い起こすたびに、人間の持つ力に畏怖《いふ》を感じる。素晴らしい脚力と特別な心肺能力は天から与えられたものに他ならないだろう。しかし、胸を突き上げる激しい鼓動と筋肉を貫く痛みに耐える魂は、気の遠くなるようなトレーニングと勝利を渇望する強い意志がなければ、持つことができない。そして、その激走は、失速するのではないか、二番手に甘んじるかもしれない、という恐れを振り払う「勇気」にも支えられている。寡黙《かもく》で表情を露にしない若きランナーの心は、一〇〇〇度の熱で焼かれた鉄のように、赤く静かに燃えているのである。

箱根駅伝は五区以外に興味がなかった

正月の風物詩ともいえる箱根駅伝。二〇〇九年から一二年までの四年間、柏原竜二の走った「五区」は、八六四メートルもの標高差を駆け上がる、通称「山登り」と呼ばれる区間だ。

箱根で走ることは陸上選手にとって、一つの金字塔だが、柏原は出場することにだけこだわったわけではない。ある明快な目的があった。

「箱根駅伝で走ることを目標に、大学で陸上を続けたわけではありませんでした。僕が高校二年生の時に、自分と同じ福島県出身の今井正人《まさと》さんが五区で新記録を出したんです。順天堂大学を優勝に導いた今井さんの走りを見て、その時、『自分がこの記録を抜くんだ』と、思いました。箱根駅伝にはエースが走る花の二区もありますが、僕は五区以外には興味がなかったです」

実際、柏原は一年生にして、この区間で八人を抜き去り、「山の神」と呼ばれた今井の記録を四十七秒も更新した。

あの急峻《きゅうしゅん》な坂を駆け上がる時、苦しさの中で考えているのは「先頭に立ちたい」という思いだけだ。

「他の選手の背中を見ながら走るのが、絶対に嫌なんですよ。襷《たすき》を受けたら、目の前に誰もいない場所、つまり、先頭を目指すだけです」

次々に選手を抜き去っていく姿は圧巻だが、その柏原に込み入った戦術はない。

「他の選手とコース取りなどの駆け引きもしませんし、最後のために余力を残すことも考えません。ただ、無我夢中で走るだけです。いろいろ作戦を考えても、結局、最後は強いほうが勝つわけですから」

自分の力をストレートにぶつけて勝利を目指す。それが柏原の流儀だった。

二〇〇九年、東洋大学は出場六七回目にして初めての優勝を摑み取った。そして翌年も柏原の往路で首位に立ち、そのまま二連覇へ。二〇一一年は柏原が往路で優勝しながら、総合優勝を早稲田大学に譲ったものの、二〇一二年は完全優勝でその屈辱をぬぐった。東洋大学の酒井俊幸監督も、柏原の力走を讃《たた》えていた。

「酒井監督は『自分で考えて、その通りに走ればいい』といつも僕に任せてくれました。だからこそ、期待に応えたいと思いました。駅伝は一人の力で勝てる競技ではありません。自分の記録よりも、チームのために走るのが駅伝です。『一秒でも稼いで次の選手に襷を渡そう』と、そのことだけを思って芦ノ湖《あしのこ》畔にあるゴールを目指しました」

高三の夏から世界が一気に変わり出す

柏原が陸上競技を本格的に始めたのは中学校に入ってからだった。小学生の頃にはソフトボールをやっていた。

「僕は六人兄弟で、四人いる兄たちが全員野球をやっていたので、ソフトボールはその影響です。でも、実は、僕は団体競技が苦手でした。自分のミスでチームが負けてしまう。または誰かのミスで全員が連帯責任を取る。そうした全体主義が、耐えられなかったんです」

柏原は、一人で打ち込めるスポーツを探していた。

「中学校の部活を決める時、双子の兄の研二が野球部に入ったんです。研二と比べられるのがイヤでしたし、一人で闘える競技をと考え、僕は陸上部を選びました。それに、小学校の六年間、持久走では負けたことがなかったので、やってみようと思ったんです」

ところが、走り始めるとその苦しさに負けそうになった。

「最初は辛くて、すぐやめようと思いました。でも遠藤富美江先生という陸上部の顧問の先生に『あきらめなければ必ず結果が出る』と、励まされて、続けました。本当にだんだん記録も出るようになっていったんですよ」

中学校では全国大会にも出場。そして、高校でも迷わず陸上部に入る。

「中学時代以上の成績を求めていたし、練習にも打ち込んだのですが、体調を崩し、すぐに走れなくなりました」

高校二年生の頃から立ちくらみや息切れをするようになり、レース途中に失速してしまうことが続いた。

「検査をしたら、酷い貧血であることが分かったんです。すぐに治療をし、母に頼んで食事療法を行ないました。貧血は一気には改善しないので、そうやって、徐々に回復させるしかありませんでした」

三年生に進級しても、まだまともに走れなかった柏原には、大学からスカウトもなかった。

「貧血が完治するまでに時間がかかり、大した記録も残していなかったので、ほとんどの大学の推薦枠が決まる七月の段階では、どこからも声がかかりませんでした。僕自身は、普通に就職しようと思っていました。鉄道が好きだったのでJRを受けるつもりでいたんですよ」

　転機は、高校三年生の夏の福島県選手権だった。五〇〇〇メートル走で十四分三十秒という好記録を出したのだ。

「そのレースには、当時、社会人選手だった酒井監督が出場していたんです。それで、僕のことを出身校である東洋大学の佐藤尚《ひさし》コーチに話してくださったんですね。佐藤コーチがわざわざ会いに来て、大会以前から僕の走りに注目していた、と言ってくれたんです。数少ない出場レースを見てくれていたことが嬉しかったです」

　柏原は、それでも大学進学を躊躇《ちゅうちょ》した。

「うちは兄弟が多くて家計も決して楽ではなかったので、学費をかけてまで大学へ行くつもりはありませんでした。そういう事情をコーチに相談すると、スポーツ奨学制度での受け入れを申し出てくれたんです」

　東洋大学に入学し陸上部の一員になった柏原を、コーチは即戦力とは考えていなかった。だが、彼自身はすぐ結果を出せると信じていた。その負けん気が形になり、柏原は、入学した春から活躍した。ついには一年生で箱根の五区を任される。

「高校三年生の夏から、世界が一気に変わりました。ようやく貧血が治り、レースで全力疾走できるようになった。あの激動の日々は今もまだ忘れません」

箱根駅伝でも見せた柏原の必勝パターンであるロングスパート。それも、高校三年生の頃に形づくられたものだ。

「走り始めて『いける』と感じたら、まだ距離が残っていても、勇気を持ってスピードを上げていく。それが自分の走りです。高校陸上部の佐藤修一監督から『勇気ある走りと無謀な走りは違う』と言われ、常にその言葉を胸に走っていました。無謀な走りで潰れては最悪ですが、恐れて力を出し切らないようなレースはしたくない。いつでも、ギリギリまで自分を追い込む、勇気のある走りをしたいと思っているんです」

後悔のない人生を送るために、この先も走り続けたい

もちろん柏原にも苦境がなかったわけではなかった。二〇一〇年の箱根では、レース直前まで体調不良に苦しんだ。

「体調も最悪でしたし、周囲からのプレッシャーも大きくて、辛かったです。もともと騒がれるのは好きじゃなく、周りには放っておいてほしいタイプなんです。でも、周囲は、『今年の柏原はどうだ』と常に視線を向けてくる。イライラして練習に集中できないこともありました。そんな状況だったので、酒井監督も、最初は他の区を走らせようと考えていたそうです。

最終的に五区に決まったのは、箱根駅伝のほんの一週間ほど前。直前の練習で気持ちも持ち直せて、監督からも『任せるぞ』の一言をもらいました」

神経質な性格だが、いざとなったら思い切りもいい。

「爽快な気持ちで走り出しました。でも、先頭に立つと、今度は追いつかれるかもしれないという恐怖が始まるんです」

その恐怖に打ち勝つために一度も振り返らず、前だけを向いて走った。結果、首位の明治大学との四分二十六秒差を巻き返し、二位の山梨学院大学に三分三十六秒という大差をつけてゴールした。

「箱根は、相手ではなく、自分の恐怖心との闘いですからね。つまり、自分の限界への挑戦なんです」

将来、陸上を続けるか否か悩んでいた時、シドニーオリンピックマラソンの金メダリスト、高橋尚子《なおこ》とイベントで一緒になる機会があった。

「高橋さんが『もし時間を巻き戻すことができるのなら、高校時代から引退までの陸上人生をもう一度生きたい』と言ったんですね。そして、走り続けた時間にまったく後悔がないと胸を張って言われた。僕はそれを聞いて、悩みが吹き飛びました。自分も後悔のない人生を送りたい。そのために、大学卒業後も走り続けようと決めました。いつかマラソンにも挑みたいです」

　富士通陸上競技部に所属した柏原の胸には、もはや箱根の栄光はない。

「ずっとチャレンジャーでありたいです。レースでは勝つ喜びもあるし、負けて考えさせられることもある。長距離走は、肉体だけじゃなく、自分の精神状態を含めたすべてを表現できる場だと思っています」

第3章

挑戦に終わりはない

◉バドミントン

潮田玲子

PROFILE Reiko Shiota

1983年　福岡県京都郡苅田町生まれ。６歳でバドミントンを始める
1999年　九州国際大学付属高校に入学
2000年　全日本ジュニアバドミントン選手権大会女子シングルス優勝
2002年　三洋電機入社
2004年　“オグシオ”として全日本総合女子ダブルス優勝（その後５連覇）
2005年　アジア選手権準優勝。デンマークオープン優勝
2007年　世界選手権銅メダル獲得
2008年　北京オリンピック出場（５位）
2009年　池田信太郎と男女混合ペア結成
2010年　日本ユニシス入社
2011年　全日本総合バドミントン選手権大会の混合ダブルスで優勝
2012年　ロンドンオリンピック出場が決定（混合ダブルス）

美しき瞳の先に

潮田玲子が浮かべる表情を見ていると、その明るさに、向き合う者まで穏やかな気持ちになる。オグシオ時代から彼女が特別な存在として人気を得たのは、皆があの愛らしさに魅せられたからだ。しかし、コートに立てば表情は一変し、凛々《りり》しさと厳しさだけがその顔に浮かぶ。世界の頂点に挑む潮田の勇敢な姿は、バドミントンという競技への愛着と、内包する自己の可能性への期待、そして闘いへの情熱の体現だ。気力と体力を振り絞り、逃げずに追いかけるシャトルを見据える瞳は、光を湛《たた》え美しい。

迷いを吹っ切った不思議な体験

二〇〇八年の北京オリンピック後、潮田玲子は小椋《おぐら》久美子とのダブルスペア「オグシオ」を解消する決断をした。引退する小椋を見送った彼女は、その後すぐに池田信太郎とペアを組み、「混合ダブルス」という新たな種目に挑戦することになった。

転機は、北京オリンピックでの敗北だった。

「その前のアテネオリンピックに出場できなかった悔しさもあって、北京を目指した四年間は本当に厳しい練習を積んできました。肉体的にも精神的にもすごく苦しかった。でも、そこまで頑張ったのに、結局メダルには届かなかったんです」

北京でオグシオは五位という成績を残した。日本勢では、スエマエ（末綱聡子《すえつなさとこ》・前田美順《まえだみゆき》）ペアの四位が最高だった。

「五位の結果には落胆だけが残りました。日本に戻ってもぼんやりしていました。実はその時、心が燃え尽きてしまったんですね。これ以上期待されても私には応える力がない。もう頑張れない、と」

選手を引退して、スポーツキャスターへ転身することも考えた。

「これまで私は競技を伝えてもらう立場でしたから、伝える側に回ることにも興味がありました。選手を続ける苦しみから逃れたい気持ちもあった。でも次第に、このまま現役を引退するのは違うんじゃないかと思うようになるんです。人のことを伝えるのではなく、自分の中にまだ伝えてもらいたい何かがあるんじゃないか、って」

ペア解消が決まって、オグシオとして出る最後の大会で、不思議な体験をした。

「決勝の相手はあのスエマエの二人。第二ゲーム、私たちは一五対一九で劣勢だったんですが、突然、周りから音が消えたんです。観客席からの歓声も聞こえず、まるで映画のワンシーンのような静寂に包まれました。そして対戦相手の動きがスローモーションでゆっくり見え始めたんですよ。アスリートには、ゾーンと呼ばれる究極の集中状態が訪れることがあると言いますが、そういう領域へ入ったのかもしれませんね」

その不思議な感覚のまま、六ポイントを連取して逆転勝ちした。

「そうしたら、試合後、たくさんの人から『感動したよ』という言葉をいただいたんです。その時、私が頑張ることで、まだ伝えられることがあるんだな、と思いました。きっと現役でプレーすることでしか、伝えられないものがあるはずだと、改めて考えたんです」

潮田は、進むべき道を示されたような不思議な体験をし、迷いが吹っ切れていた。そして、小椋とのペア解消にも後悔はなかった。

「北京オリンピックまでの道のりが本当に苦しかったので、私たちは『北京まで頑張ろう、終われればラクになれる』って言い合ってきたんです。だからその先のことは、正直考えられなかった。北京が終わったら、それぞれ違う道を歩もう、とお互いに決めていたんです」

「二人だけど一つ」だったオグシオ

オグシオは人気・実力を兼ね備え、バドミントン界を大いに盛り上げた。潮田にとっても、小椋はかけがえのないパートナーだった。

「私が女子ダブルスではなくて混合ダブルスを選んだのも、まだ競技を続けていたオグッチ（小椋）とは対戦したくなかったからなんです。七年間も一緒にペアを組んできた相手でしたから、勝負を競い合うことはできなかった」

自分を表現するための最高の、そして唯一のものがバドミントンだという潮田。彼女がその競技に出合ったのは、ほんの幼い頃だった。

「母がバドミントンをやっていたため、物心つく前からよく体育館についていっていました。クラブに入ったのは六歳からです。でも私にとっては、ずっと習い事の延長でした。将来選手になるなんて思いもしませんでしたよ」

しかし小学生で全国大会に出場し、高校二年生の時には全日本ジュニアで優勝する。

「その頃も『何で私が勝てたんだろう？』と思うくらい、自信がないままゲームを闘っていました」

高校生の時に、同年の選手だった小椋と初めてダブルスを組む。

「全日本の合宿で偶然ペアになりました。高校まで私はずっとシングルスプレーヤーだったんですよ。でもオグッチとダブルスを組んだ時、今までにない手応えを感じました。『彼女とダブルスを組めたら、面白いかも』と直感的に思っていたんです」

それは小椋もまた同じだった。潮田よりはるかに強い気持ちでオリンピックを目指していた小椋は、自分が所属する実業団入りを熱心に誘った。

「でも私はそんな自信もなくて、『一緒にオリンピックを目指そう！』って言われても『ムリムリ、私じゃムリ』って思っていたんです。本当は高校を出たら、東京の青山学院大学のバドミントン部に行きたかったんですよ。趣味程度にバドミントンをやって、『穏やかな女子大生生活を送りたい』と考えていました」

しかし、潮田は小椋の熱意に押され、二人一緒に三洋電機に入社することになった。

「オグッチのオリンピックへの思いは言葉にできないほど大きく、燃え盛っていました。入った三洋電機は素晴らしいチームでしたので、巡り合えて、感謝しています」

そうして、いよいよオグシオとしての闘いが始まった。

「ダブルスの魅力は、ペアの呼吸やリズムがぴったり合う心地良さでしょうか。それが合うと、自分一人じゃ出せない力が湧いてくる。それはオグッチと組んで初めて気付かされたことなんですよ」

一方でダブルスは、自分の調子がよくても、相手の不調やミスで負けることもある。だが、潮田には、そうした歯がゆさは一切なかった。

「むしろ相手がミスをした時には、責める気持ちよりも『かばえなかった自分が悪い』と思うんですよ。オグッチがミスした時、向こうは申し訳なさそうに謝るんですが、私もまた『カバーできなくてゴメン』と心から思う。二人だけど一つ、いつもそういう感覚でした」

北京オリンピックの後、潮田は去就に迷うが、小椋はいち早く「ロンドンオリンピックを目指す」と宣言した。その後、ケガとの闘いにずっと苦しんでいた小椋は、志半ばで引退。なかなか迷いが吹っ切れなかった潮田のほうが、プレーの続行を表明した。

「人生って不思議ですね。オグッチの引退のことは発表される前に聞きました。『決めたんだね』って連絡をしたら、『悔いはないよ』という言葉が返ってきた。私は『お疲れさま』とだけ言いました。心から、長い間お疲れさま、という気持ちでした」

子供の頃のようにバドミントンが楽しい

三洋電機から日本ユニシスに移籍した潮田は、池田とコンビを組み「イケシオ」ペアとして混合ダブルスにチャレンジすることになった。

「やはり女子ダブルスとは感覚が全然違うんですよ。球の出し方にしろ、戦術にしろ、まったく別モノですね。男子のスマッシュは時速四〇〇キロメートル以上もありますし、パターンもすごく複雑。最初は全然勝てなくて、『やっぱりやめておけばよかったのでは……』と不安ばかりが先立っていました」

男子ダブルスで活躍してきた池田は、世界選手権メダリストの実力者。男女のトッププレーヤーのペアが結成されたわけだが、それだけでは勝てなかった。

「海外合宿をしたり、海外ペアとの対戦を重ねたりして、少しずつ手応えを感じるようになっていきました。ゆっくりですが、だんだん二人の呼吸が合っていきましたね。今振り返れば、一つずつ階段を上がるのは、楽しいことでもありました」

バドミントンが少しずつ上達していくのが嬉しかった子供の頃を思い出しながら、潮田は混合ダブルスを闘った。

「バドミントンの時間が待ち遠しくて仕方なかった頃の楽しさを感じたんですよ。オグシオ時代に比べれば、世界ランキングも低いのに、練習が楽しくてしようがなかった」

ゼロからのスタートが、潮田を挑戦者に変えたのだ。

彼女は、逃げずに向き合うものがある人生を過ごせることに、感謝を忘れない。

「私がいつも思っていることは『逃げたら終わり』ということです。初め、混合ダブルスでは本当に勝てなかった。女子ダブルスなら勝てたのになぜ、と何度も思いました。でも、苦しくても逃げたら終わりです。逃げなければ、たとえ負けても貴重な経験が残ると思います」

若い頃は競技ができて当たり前だった。だが、年を重ねるにつれて、競技人生にはリミットがあることを実感する。

「現役で頑張れる時間は多くない。だからこそ絶対に逃げたくない。この貴重な時間を無駄にしたくないと思っています」

◉サッカー

丸山桂里奈

PROFILE Karina Maruyama

1983年　東京都に生まれる。中学時代に読売メニーナ（現・日テレ・ベレーザの下部組織）入団
2002年　日本体育大学入学。北朝鮮戦で代表デビュー
2003年　女子ワールドカップ初出場
2004年　アテネオリンピック出場
2005年　東京電力女子サッカー部マリーゼ入団
2008年　北京オリンピック出場
2010年　フィラデルフィア・インディペンデンス（米国）に移籍。ジェフユナイテッド市原・千葉レディースに移籍
2011年　女子ワールドカップ出場（優勝）
2012年　スペランツァＦＣ大阪高槻に移籍

他を圧倒する存在感

日本に歓喜をもたらした二〇一一年ワールドカップでのなでしこＪＡＰＡＮの優勝。その厳しいゲームを勝ち抜いた丸山桂里奈の持ち味は、生来の明るさと豪快なシュート力にある。準々決勝対ドイツ戦。延長戦で放った一撃で日本を勝利に導いたスーパーサブは、ピッチではいつも特別な存在感を放っている。恵まれた身体能力に負うことなく技を磨き続けた努力は、日本の女子サッカーの軌跡とともにあった。繰り返したチーム移籍や、二〇一一年九月のロンドンオリンピック予選での大怪我など、自らの困難を乗り越えることが女子サッカーの未来を切り開くと信じた彼女の思いは、決して曲がることなく守り続けられている。闘志を秘めた彼女の心はしなやかで強い。チームでもなでしこＪＡＰＡＮでも、鮮やかなゴールを決めることを誓いボールを追いかける彼女の胸には、あきらめずに闘うことでしか得られない勝利の記憶が刻まれている。

被災地への思いが力となったワールドカップ優勝

二〇一一年ワールドカップで優勝を手にしたなでしこジャパン。彼女たちの活躍は国民に勇気を与えた。その渦中にいた丸山桂里奈は、ワールドカップでの闘いをこう振り返った。

「一番大きかったのは、東日本大震災で被災された方々の力になりたいという強い気持ちだったと思います。自分たちのためじゃなく、他の誰かのためにという使命。その思いがあれほどのパワーを生むのだということを実感しました」

丸山はかつて、東京電力のチーム、マリーゼでプレーしていた。だからこそ、福島第一原発の事故後、福島の方々に対する思いは人一倍大きかった。

「なでしこジャパンは、ワールドカップの試合直前、ホテルの一室に集まって、必ず被災地の映像を観ていたんです。佐々木則夫《のりお》監督から『本当に苦しい時には被災地の方たちを思って踏ん張れ』『われわれのプレーが必ず苦しんでいる方々の力になる』と言われ、命がけで頑張ろうって全員で誓い合いました。そのことが、目に見えない大きな力になって、ワールドカップ優勝という結果に結びついたんだと思います」

丸山は準々決勝のドイツ戦で、延長後半に決勝ゴールを決めた。あの時の気迫がチームを勢いづけ、準決勝、決勝を闘い抜く原動力になった。

「ドイツ戦のゴールも、本当にチームの力で生まれたもの。出してもらったパスを、無駄にしたくないという一心でした」

決勝トーナメント進出は決めていたものの、イングランド戦で敗戦し、チームは落胆を隠せなかった。その後、迎えたドイツ戦。

「イングランド戦では、プレッシャーもあってチーム全体が萎縮《いしゅく》してしまいました。慌てる場面も多くて、日本のパスサッカーができなかった。そんな試合の次ですからね。正直、私たちも『はぁ～、もう終わっちゃったかな』と一瞬弱気になりかけました。ドイツとは同じ宿舎だったんですが、相手はすごい余裕で『あなたたち、もう負けだから』という雰囲気を醸し出していたんですよ」

だが、そこで選手たちは心を一つにした。

「圧倒的にドイツが有利でした。でも、そこで逆に吹っ切れたんですね。失うものは何もない。ここでやれることをやるしかないじゃない、っていう気持ちになれたんです」

選手たちは互いに声をかけ合った。

「自分のためでなく、日本のため、被災地から声援を送ってくださる方たちのために、最後まであきらめないで走ろう。ゲーム中もそう叫んでいました」

ドイツ戦勝ち越しゴールの瞬間

スーパーサブという役目を負った丸山は後半から途中出場する。

「監督に名前を呼ばれた時には『おまえが決めてこい』と言われたのだと思いました。私自身、悔いを残さないためにもやり切るしかないと考えていましたね。強い気持ちでピッチに出ていったんです」

岩渕真奈から澤穂希《さわほまれ》へボールが渡り、澤のパスを走り込んでのシュートは華麗ですらあった。テレビでも繰り返し放映されたゴールシーンだが、よく見ると、丸山は澤がボールを蹴る前にすでにスペースに飛び出している。

「私は岩渕がボールを持った瞬間に走り出していました。ずっと前を向いていたので、実は、澤さんからのパスだったことを知らなかったんですよ。もし澤さんが蹴るのを見てから走り出していたら、相手ディフェンダーに追いつかれてクリアされていたと思います。サッカーを始めた子供の頃は、『ボールを見ながら走りなさい』と教えられてきた。でも、目では見えなくても信頼でつながるパスがある。一瞬の直感を優先すべき場面があるんです。世界と闘う上で大事なことは、ひたすらゴールに向かうという意志でした」

あの瞬間、彼女には、これから放つ自分のシュートコースが見えていたという。

「ゴールネットに向かってヒューッと伸びる、一直線の光のラインのようなものが見えたんです。そこへ打てば入るという不思議な確信がありました」

それは丸山にとっても初めての経験だった。

「本当に驚きました。キーパーも見えない。安藤（梢《こずえ》）が中に詰めていてくれたのも見えない。ただゴールと自分の間に光のラインがあったんです」

動きに迷いがなかったが、普通なら、なかなか入らない角度である。

「サイドからのシュートは練習していましたが、あそこまで浅い角度から決めたことはありませんでした。ホントに私が決めたの？　と驚いたし、FCバルセロナのメッシのゴールみたいだと、自分を少しだけほめました」

占いでは、その日は「最良の日」だった。

「私は牡羊座ですが、十二年に一度の幸運日だって書いてあったんですよ。そんな小さなことも力に変えていました」

チームメイトのプレーが私のプレーを支えてくれた

ドイツからの怒濤《どとう》の反撃をしのぎ、摑んだ勝利の背景には、献身的な守備を見せたディフェンス陣の存在も大きかった。

「点を決める選手ばかりが注目されがちですが、決められるのはディフェンスの力があるからです。私のシュートの時も、安藤が前に詰めて相手との駆け引きをしてくれていたから、オフサイドにならずにすんだ。チームメイトのプレーが、私のプレーを支えてくれたんだと思います」

澤からも力強いアドバイスがあった。

「澤さんには普段から本当にかわいがっていただいています。『周りを気にせず、全部自分のドリブルで持っていくぐらいの気持ちでいい。それが桂里奈のプレーなんだから』と言ってくれた。だから遠慮なく思い切っていけたと思うんです。また、監督もそうなんですが、サブの私たちをすごく大切にしてくれるんですね。『延長戦になったら、決めるのはおまえたちだから』と。それもあって、ずっと高いモチベーションを保ち続けていられたし、試合に出られなかった選手も心を一つにできたんだと思います。本当にいいチームで、あのチームで優勝できたことを改めて幸せだと感じています」

決勝のアメリカ戦でも、二度もリードを覆し勝利したなでしこジャパン。

「あの時も、それこそ目に見えない力が働いた気がします。ドイツもアメリカも一度も勝てたことがない相手。それでも一人ひとりが勝てると信じて最後まで闘えば、絶対に夢は叶うんですね」

あきらめない心が道を切り開く

丸山がサッカーを始めたきっかけは、好きな男の子がサッカーをやっていたからだった。

「その男の子の通っているサッカースクールにも一緒に通いました。小学六年生の時から始めたんですが、母は最初すごく反対したんです。女の子がサッカーなんておかしいって。当時は女子チームもありませんでしたから。他のスポーツもいろいろやったんですが、すぐ飽きちゃうんですね。でも、サッカーだけは面白くて、絶対やめたくなかったんです」

サッカーで活躍するために体力をつけ、足が速くなりたいと思った丸山は小学生の頃から、毎日ランニングを欠かさず、近所の坂道では全力の坂ダッシュを繰り返していた。

「両親が『継続は力なり』という言葉を教えてくれました。だから、四十分ランニングしてから坂ダッシュ一〇〇回というセットを毎日続けることにしたんです。どんなに疲れていても休みませんでした」

夜のトレーニングには、父親がつき添った。

「父は、誰に命ぜられたわけでもないのに、雨の日も風の日も走る娘を心配してくれていたんだと思います。私の後ろをずっと自転車でついてきてくれました」

丸山のひたむきさが今日の活躍につながっている。

「日本の女子サッカーは、ここからがスタートだと思っています。ワールドカップ優勝という栄誉に酔っている時間などないんです。なでしこリーグでも、面白いゲームをし、良いプレーを見せて、男子サッカーのように盛り上げていきたいですね。今、たくさんの方がなでしこに注目してくださるので、それが大きなモチベーションになっています。本当にありがたいし、だからこそさらに努力しなければならない。国民栄誉賞をいただき、喜びとともに責任も感じています。私自身のためにも、若い女子サッカー選手たちのためにも、もっともっと頑張りたいと思っています」

　丸山は、人がその胸に抱える思いが不可能を可能にすることを知っている。

「ワールドカップの時のように、あきらめない心こそが、道を切り開くのだと思います。ゲームに勝敗はつきものです。負けたらどうしようと怖くなることもあります。でも、そこを乗り越えて自分や仲間を信じていくのがスポーツの素晴らしさだと思っています」

　二〇一一年九月、中国で行なわれたロンドンオリンピック予選最終戦では、右膝前十字靭帯損傷というケガを負い、手術と長期のリハビリにも耐えなければならなかった。ピッチに戻った丸山はボールを蹴り走ることに、ただ喜びを感じている。

◉自転車ロードレース

別府史之

PROFILE

Fumiyuki Beppu

1983年　神奈川県茅ヶ崎市に生まれる。長兄の始、次兄の匠とともに自転車を始め、小学校２年生でレース初出場

2002年　高校卒業後、日本チーム「ブリヂストン・アンカー」に所属。フランスの「ヴェロクラブ・ラ・ポム・マルセイユ」に派遣される

2005年　「ディスカバリーチャンネル・プロサイクリングチーム」に移籍

2008年　「スキル・シマノ」に移籍。アジア選手権個人ロードレース優勝。北京オリンピック出場

2009年　「ツール・ド・フランス」に出場（日本人として新城幸也選手とともに13年ぶり）。第21ステージで敢闘賞獲得。日本人過去最高の個人総合112位、日本人初の完走者の一人となる

2010年　「チーム・レディオシャック」に移籍

2011年　「ジロ・デ・イタリア」に出場（67位で全21ステージ完走）。10月にロンドンオリンピック代表選手に内定

2012年　「グリーンエッジ」に移籍。「ジロ・デ・イタリア」に出場（121位で２年連続完走）

限界に挑む、魂の力

別府史之の「情熱が、限界の壁を突き破っていく」という言葉は、彼が苛酷なレースに挑むたびに繰り返される肉体と魂の鬩《せめ》ぎ合いを表している。高性能のバイクを駆ってツール・ド・フランスやジロ・デ・イタリアを闘った彼は、人間の身体能力を超えた走りに徹した。心拍数が上がり、乳酸が血液に乗って全身を駆け巡ると、痛みと倦怠《けんたい》感に苛《さいな》まれた肉体は力を失う。その疲弊した肉体を前へと進ませるのは、もはや魂の力でしかない。勝利への思い、胸に秘められた情熱だけが、限界を打ち破る術《すべ》なのだ。レースに出場する限り、彼は行く手を阻む壁に挑み続ける。

ツールは肉体のレッドゾーンでの闘い

別府史之は、日本人初のツール・ド・フランス完走者だ。

世界で一〇億人を超す人々が衛星中継で観戦するこの「世界最大の自転車レース」に、別府が初めて出場したのは二〇〇九年のことだった。

「小さい頃から憧れていた舞台ですから、出場できて嬉しかったです。でも、夢が叶ったら『ここで終われない、もっと上を目指さなければ』という気持ちになりました」

「ツール・ド・フランス」は、世界各国の二〇チーム、一八〇名の選手が、約三五〇〇キロメートルもの距離を走る自転車レース最大のイベントである。

しかし一方、選手にとっては非常に過酷なサバイバルレースであり、途中リタイアする者も数多くいる。

「僕自身、二十一日間という長丁場のレースは初めてでした。出場する限り完走は最低ラインの目標でしたが、それだって体調不良やケガがあればクリアできません。ツールを走り切るんだという緊張感は常にありました」

アクシデントも起こった。七日目にひどい腹痛を起こしてしまったのだ。

「モナコから気温の高い南フランスを周るコースでしたが、もう暑くて暑くて、毎日水を飲み続けていたんです。そのせいか、一転して肌寒くなった雨の日に一気に調子が悪くなってしまったんです。幸い、翌日には治り、事なきを得ました」

ツールでは、走るうちに気温や標高などの自然環境が刻一刻と変化する。途中にはアルプスとピレネーという二つの山脈も越える。

「標高は一番高いところで二五〇〇メートルになります。酸素が薄くなるので、酸欠気味の中での走行は、まるでサバイバルレースといった様相ですね」

高山病のような症状を耐えながら走るレーサーは、ペダルを漕ぐごとに自分が機械《マシン》ではないことを痛感させられる。

「まさに肉体のレッドゾーンでの闘いです。でも、極限の苦しさを超えるという喜びがあるんですよ。この究極の喜びがあるから、また走りたいと思うんです」

練習中の大ケガが大きな転機に

別府がツール・ド・フランスに出場するまでの道のりは、苦難とチャレンジの連続だった。

欧州では自転車競技の人気はとても高く、バイクのロードレーサーは、F1レーサーやオートバイレーサーと並び称される。しかし、日本にはプロの自転車ロードレーサーが活躍できる環境はなかった。

「だからこそ、自分がパイオニアになって海外に進出し、欧米で知られる存在になりたい、と思いました」

別府が自転車競技を始めたのは幼い頃だ。一家はサイクリングを趣味とし、別府も、二人の兄とともに自然と自転車に親しんだ。中学生にもなると、兄弟はレースにも出場するようになっていた。

「僕が中学三年生の時に、次兄の匠《たくみ》（現・愛三工業レーシングチーム監督）がフランスに渡り、欧州のレースに参加し始めたんです。一年後に帰国した兄を見た時『なんてカッコいいんだ！』と思いました。体がたくましくなり、フランス語もペラペラでしたから」

　そんな兄に憧れて、プロを目指すようになった別府は、高校卒業後たった一人でフランスへ渡った。

「アマチュアのトップチームである『ヴェロクラブ・ラ・ポム・マルセイユ』に入りました。初めは言葉もしゃべれませんでしたよ。プロのチームに入ることを目標にしていましたが、周りは日本人なんて眼中にないという感じで、なかなか相手にしてくれませんでした」

　日本人が欧州でプロとして活躍できるとは、誰一人思っていなかった。

「僕自身、二十二歳までにプロに入れなければヨーロッパを去ろうと覚悟を決めていました。そうやって脇目も振らずに頑張っていた最中、練習中に転倒事故を起こしてしまったんです」

　二〇〇五年、別府が二十歳の時だった。道路の側溝《そっこう》にタイヤを取られて地面に顔から落ち、三〇針を縫《ぬ》う大ケガを負った。

「ショックでしたよ。その時は丁度、三週間後に日本で全日本選手権を控えていました。病院のベッドで動けない自分が情けなく眠れない夜を過ごしましたが、その時に考えたんです。このぐらいのケガで勝てなかったらプロになる資格はないんじゃないか、と。翌日から、顔に包帯をぐるぐる巻いたまま練習しました。大げさなようですが、あの日は『生死を賭ける』という覚悟でしたね」

選手生命を賭した全日本では、二位に大差をつけて優勝した。

「今思えば、フランスでの事故が大きな転機でした。顔には傷が残りましたが、あのケガを負っても自分は自転車を嫌いにもならなかったし、降りなかった。あきらめないで自転車に乗り続けようと思ったからこそ、プロへの道が開けたんだと思います」

その年のオフ、プロの名門チーム「ディスカバリーチャンネル」の監督から、思いがけないスカウトの電話が届いた。

「想像もしていない誘いでした。自転車界の英雄、ランス・アームストロングが所属しているチームです。僕はその誘いを受け、ようやく念願のプロになれました」

ドラマチックな展開に一番驚いたのは別府本人だった。別府は、アームストロングをはじめとするトップレーサーたちに刺激を受けながらレースを闘った。

「ツールで七回優勝したアームストロングと過ごした三年間は、本当に貴重でした。彼にはレースのことから人生のことまで、多くを教えてもらいましたよ。やがて彼の引退とともにチームが解散し、僕は、二〇〇八年にオランダのプロチーム『スキル・シマノ』に移りました」

翌年の二〇〇九年、別府はスキル・シマノの一員としてツール・ド・フランスに出場したのである。

「チーム内での選抜は厳しいもので、身を削るような思いをしながらの闘いでした。チーム内の選考レースでは、走りながら『ツール・ド・フランスに俺は出る！』と言い続けていたんです。俺が出ないでどうするんだ、と本気で思っていましたよ」

刻んだタイムと、鬼気迫る走りが認められ、念願のツールへの切符を手に入れた。目標を追う別府の強い心が、地力で勝るライバルを振り払ったのだ。

自転車のロードレースは人生そのもの

初めて走ったツール・ド・フランスで、彼は力を出し切った。

「今まで積み重ねた経験を存分に活かせたと思います。たとえば僕がアマチュア時代に住んでいたマルセイユを走るステージがあったんです。海岸沿いは風がすごく強いんですが、僕はそれを知っていたから『次のコーナーで真横から風が来るぞ』とチームの皆にアドバイスができたんです。僕たちはいち早くいいポジションにつけて、そのステージでは上位に入りました」

自転車ロードレースの真髄は、個人の順位を争うレースでありながら団体競技でもあることだ。自分のことだけでなく、常にチームを勝たせる仕事が求められる。

「チームのために仕事をするのは僕の大切な役目でもあるんです。ただ、一人で思いっ切り攻めて、自分自身をアピールしたステージもありました」

最終日のことだった。パリのシャンゼリゼ通りで、別府は集団から抜け出した。

「シャンゼリゼを周回するコースは大観衆が見守る一番華やかな場面なんです。僕は走りながら心の中で思っていました。ゴールは近いけれど、このままでは終わらないぞ、と。それで自分からアタックをしかけ、集団から抜け出したんです」

後ろを振り返ると、大集団が追いかけてくるのが見えた。

「今にも呑み込まれそうになりながら『まだ終わりじゃない。まだ走れる』と自分に言い聞かせました。結局、全八周のうち七周まで逃げたんです。実況のフランス人が『ワォ！　フミ、すごいぞ！』と叫んでいたのが聞こえましたね。興奮しましたし、純粋に嬉しかったです」

ツールの舞台で、日本人選手がトップに立った初めての瞬間だった。

「まだ小さな一歩ですが、そんな結果を残せたのも、応援し、支えてくれたたくさんの人たちがいたからです。最終日の前日、山岳ステージを走っている時に、恥ずかしいのですが、涙がボロボロ出てきてしまったんです。モン・ヴァントゥという厳しい山を登っている途中で、これを越えればツールはほぼ完走できるだろうという最後の難所でした。小さい頃から自転車をやってきて、ここまで来るのは簡単じゃなかった。辛いこともたくさんあったな、と次々に思いが蘇《よみがえ》ってきたんですよ」

家族や友人、チームメイトの顔が浮かんだ。

「自転車ロードレースって人生そのものだと思います。山があって谷があって、太陽が照っても雨が降っても風が吹いても、走り続けなければいけない」

自転車は科学技術とともに進化もするが、それを動かすのは生身の人間でしかない。

「汗を流し、息を切らして走り続ける。だから応援してくださる方が、勇気をもらったと言ってくれるんだと思います。二つの車輪は人の力でのみ動きます。そこが自転車の魅力ですね」

二〇一〇年に「チーム・レディオシャック」、二〇一二年に「グリーンエッジ」に移籍した別府の目標はツールやジロ・デ・イタリアに出場することではない。ステージでの優勝を狙うつもりだ。

「プロとしてアスリートとして、今の自分に甘んじたくない。どんな時も『まだ終わりじゃない』という気持ちを持ち続けたいと思います」

◉バスケットボール

田臥勇太

PROFILE　Yuta Tabuse

1980年	神奈川県横浜市生まれ。小学校２年生でバスケットボールを始める
1996年	秋田県立能代工業高等学校に入学。１年生でスタメンとなり、３年間でインターハイ、国体、全国高校選抜の史上初９冠を達成
1999年	ＮＣＡＡ２部のブリガムヤング大学ハワイ校に進学
2002年	スーパーリーグ「トヨタ自動車アルバルク」に入団
2003年	同チームを退団し、渡米
2004年	ＮＢＡ「フェニックス・サンズ」と契約。開幕メンバーに登録され、日本人初のＮＢＡプレーヤーとなる
2008年	ＪＢＬ「リンク栃木ブレックス」と契約し、帰国
2010年	同チームでＪＢＬファイナル優勝。11月、バスケットボール男子日本代表としてアジア競技大会（広州）に出場、16年ぶりのベスト４入りに貢献

決して色褪せぬ夢

田臥勇太が小学生の頃だ。テレビＣＭでＮＢＡのスーパースター、ニューヨーク・ニックス（当時）のパトリック・ユーイングと競演し、ともにボールを追う姿が話題になった。「ＮＢＡの選手になる」と言ったまだ幼い表情を残した彼が、日本人のＮＢＡ挑戦の「記号」になるのである。少年の夢は輝かしい。しかし、無垢《むく》で純粋な夢は、いつしか色褪《いろあ》せる。田臥のひたむきさが胸に迫るのは、抱いた夢が、その心で煌《きら》めき続けている事実だ。色褪せることも、砕け散ることもないＮＢＡへの想いこそが、彼の華麗なプレーの原動力になった。二〇〇四年、ついにＮＢＡのコートに立った田臥は、夢を持つことの力を示した。そして今も、バスケットボールに注ぐ情熱は追い続ける夢とともにある。

チームリーダーとしての役割

日本人初のＮＢＡプレーヤーとなったバスケットボール選手として知られる田臥勇太。二〇〇三年から〇八年までをアメリカで過ごした彼は、現在はＪＢＬの「リンク栃木ブレックス」でプレーする。田臥が国内リーグに復帰して二年目の二〇〇九―一〇シーズン、チームは初優勝も果たした。

「優勝するのは高校以来十年ぶりだったので、嬉しかったですね」

リンク栃木は二〇〇七年に創設されたチームだ。

「アメリカから戻った自分の役割は、若いチームに最後まで粘り強く、あきらめずに戦うんだという意識を定着させることでした」

バスケットボールは何十点もの得点を取り合うスピーディーな競技だが、最後には忍耐力が鍵《かぎ》となる。

「ゲームでは『ここで点差を離されちゃいけない』『ここでシュートを決めるべき』というギリギリの局面が必ずあるんです。その局面で粘れるかどうかで、勝敗が分かれます。自分たちのチームは経験も少ないし、もともと強豪でもありません。だから気持ちだけは負けないようにしようと皆で話し合いました。粘り強く試合をすれば、絶対に勝つチャンスが生まれるから、と」

点を取られても立ち止まらず、すぐにリターンして取り返しにいく。リンク栃木ブレックスのプレースタイルはまさに田臥が目指したものだった。

「俺はNBAに行く」と宣言

田臥はバスケの名門校である秋田県立能代《のしろ》工業高校で三年連続三冠（高校総体、国体、全国高校選抜）、つまり九冠を成し遂げ、十代で日本のバスケットボール界のアイコンになった。

大学進学後は帰国して、実業団入りをし、ワンシーズンを戦うが、二年目にはアメリカへ渡ってＮＢＡに挑戦。二〇〇四年九月六日、ＮＢＡフェニックス・サンズと契約し、その年の十一月一日、フェニックス・サンズの開幕メンバーに登録された。田臥はついに、日本人初のＮＢＡプレーヤーとなったのだった。

しかし、その年の十二月には解雇。以後、アメリカに残ってＮＢＡ復帰のためのチャレンジを続けていたが、それは叶わなかった。

「アメリカでは、どの選手も、実力だけで闘っています。僕自身、田臥勇太個人の力を伸ばし磨くことでしか、存在証明できなかった。日本に帰ってからもその気持ちは変わりません。アメリカでギリギリの場所にいた経験が、あきらめない心を培《つちか》ったと思います」

田臥がＮＢＡと出合ったのは、八歳の頃だった。毎朝、学校に行く前に、父がＮＢＡの試合のビデオを観せてくれたのだ。

「姉がバスケットボールをやっていたので、家ではよくバスケットボールが話題になりました。朝食の時に父がＮＢＡのビデオを流すんですよ。それを観て僕もやりたくなって、姉がやっていたチームでバスケを始めました」

当時のスターといえば、ロサンゼルス・レイカーズのマジック・ジョンソン。

「僕の最初のヒーローもマジックでした。プレーする時は、彼の動きを一から十まで真似《まね》しました。僕にとってバスケといえば、体育の授業で行なう球技ではなく、NBA、それもマジックのプレーだったんです」

いつかNBAでプレーしたい。小学生の田臥はその夢を一度も手放さなかった。

中学校を卒業すると、バスケの名門・能代工業高校へ入学するため、横浜の実家を離れた。高校卒業後は、NCAA二部に所属するハワイの大学に進学、英語やケガに苦しみながらもアメリカのバスケを体感した。

帰国後、一度は日本の実業団に所属した田臥は、なぜ再びアメリカへ渡ったのか。

「ハワイから日本に戻って一年間実業団でプレーしたオフに、休暇でアメリカへ行ったんです。そこでNBAのゲームを観戦しました。そのスタンドで、スイッチが入ってしまった。観ていた試合では、あのマイケル・ジョーダンが復帰してプレーしていたんですよ。彼がコートを駆ける姿を観ていたら、彼と同じNBAのコートに立ちたい、自分の夢はやっぱりここにあるんだ、と思わずにいられなかった」

八歳の頃からの熱い思いが蘇っていた。田臥は歓声渦巻くスタンドから日本に電話し、NBAへ行くことを宣言する。

「家に電話して、出た父に『俺はNBAに行くから』と告げていました」

休暇から戻っても、田臥の意志は変わらなかった。

「でも所属していた実業団チームに対しては、わずか一年の退団では義理が立ちません。悩んでいたら、話を聞いた父が一緒に謝りに行ってくれたんです」

家族は息子の決断を支持し声援を送った。たった一人でアメリカに渡った田臥は、ひたすら挑戦の日々を続ける。サンズとの契約にこぎ着けＮＢＡ選手になったが、それはスタートラインに立っただけのことだった。

「ＮＢＡには世界中からトッププレーヤーたちが集まります。たとえ契約できても、チーム内で実力が認められなければ、試合に出られず、シーズン途中で解雇されてしまいます。チームの勝敗以前に、僕自身が『最高のパフォーマンスをする』ことがすべてでした。僕も周りも全員が『この中で一番うまいのは俺だ』と考えている。練習中からチームメイト同士でしのぎを削るわけです」

日本では、チーム内の激しい競争が「和を乱す」と避けられることもあるが、アメリカの発想はその逆だった。

「そうした競争はチームにも決して悪いことではない。他人を蹴落としてでも残るんだという個々の強い気持ちは、集まった時にものすごいパワーになりますからね」

最高のパフォーマンスを提供し続けたい

田臥が初めてNBAのコートに立ったのは、二〇〇四年十一月三日、フェニックス・サンズ対アトランタ・ホークス戦。第四クォーターの残り十分、コーチが田臥の名前を告げると、地元ファンからは大きな拍手と歓声が沸き起こった。田臥はそのゲームで、七得点とワンアシストを決めた。

「NBAでプレーできたことは自分にとって大きな誇りです。ただ、あれが僕の成功の形ではないんですよ」

田臥の目標は最高のパフォーマンスを提供し続けることだ。

「解雇という悔しい経験をしましたが、それでめげることはありませんでした。すぐに、どんな練習をすれば最高のプレーができるのか、と考えていました。いつでもどこでも、バスケのことしか考えられないんですよ。NBAに再度挑戦していた時期も、日本に帰ってきてからも、まったく同じ気持ちで生活しています」

リンク栃木ブレックスではチームリーダーとして毎試合、コートに立っている。

「その充実感は前を向く力になりますね。やっぱり選手は試合に出ていなければ、真価を示せませんから」

三十代を迎えた田臥は、これまで以上に思考するようになった。

「今は、自分の体をどうコントロールしていくか、その課題で頭が一杯です。ケガをしない体を作ることも大切ですし、疲労を残さないようコンディションを整えなければならない。でも、それ以上に考えるのはバスケットボールのことです。ゲームに負けた夜は、プレーシーンが繰り返し浮かんで眠れなくなってしまうんですよ。一晩中、頭の中で『あそこでパスすればよかった』『あのポジションに入っていれば……』と考えています」

自らのハードルを上げる田臥が自分のプレーに満足することはない。

「現役でいる限り、そんな日は訪れないと思います。ゲームを戦うたびに新たな課題が見つかる。だから、すぐに練習したくなるんですよ」

大畑大介

PROFILE Daisuke Ohata

1975年　大阪市に生まれる。小学校３年生でラグビーを始める。東海大学付属仰星高校卒業
1994年　京都産業大学入学
1998年　神戸製鋼所入社
1999年　香港セブンズでＭＶＰ獲得。ワールドカップ出場
2000年　神戸製鋼で社会人選手権、日本選手権優勝に貢献
2001年　オーストラリア留学
2002年　仏チーム「モンフェラン」に移籍
2003年　神戸製鋼復帰。ワールドカップ出場
2006年　個人通算トライ数65を達成し、世界記録を樹立。以後、度重なるケガに見舞われながらも、神戸製鋼コベルコスティラーズのエースとしてチームを牽引
2011年　2010-11トップリーグを最後に現役引退

一途なる献身

青い芝の上でボールを抱え、走り、トライする大畑大介が、実際の体軀《たいく》以上に大きく見えたのは、常に彼にしかできないプレーを目指していたからだ。日本人離れした華麗なステップと絶妙なボディバランスは、巨大なプレーヤーの中にあっても際立っていた。行く手を阻《はば》む選手の激しいボディコンタクトを恐れることなく、一歩でも前を目指す心を持ったその人は、スターである自分を強烈に意識しながら、同時に、自分のためでなく、父や母、自分を支えてくれた仲間のために走っていた。そんな大畑の一途な献身は、ラグビーを愛する者の心を捉え続けた。

現役引退。寂しさはあるが悔いはない

大畑大介は、二〇一〇―一一年のリーグを最後に現役を引退した。リーグ最終戦で右膝蓋腱《しつがいけん》を断裂するという壮絶なラストゲームは、大畑の姿を誰の胸にも留めたはずだ。

大畑は長年、神戸製鋼のエースとしてチームを牽引した。度重なるケガに見舞われながらも、不屈の精神で現役を続けたのである。

「ケガや体力の限界を理由に引退する気はなかったんです。身長一七六センチで、ラグビー選

手としては体格が小さかったので、体だけで勝負してきたわけじゃありません。何を支えにしてきたかと言えば、やっぱり心です。だから気持ちが落ちた時には、プレーをやめる時だと決めていました」

ゲームから離れる寂しさはあるが、悔いはない。

「特別な記録を残せたわけではありませんが、やり切った、という達成感はあります」

大畑が振り返る日々は、日本ラグビーの軌跡でもある。

ラグビーは「ワン・フォア・オール、オール・フォア・ワン（一人は皆のために、皆は一人のために）」を掲げるチームスポーツだ。しかし、大畑は、時に「個人こそが大事だ」と言い続けてきた。

「その考えは昔から変わりません。個々の力が伸びることで、全体の力が伸びる。強いチームとは、常に自分がトップになろうという人間の集まりだと思います」

それを証明するように、トライ数の世界記録樹立や国際大会でのＭＶＰ獲得など、個人としての実績を刻んだ。

「そうして結果を出すことで、子供たちの目標にもなれると思ったんです。ラグビーは体の大きな人間だけがやる特別なスポーツじゃない。僕みたいな小さい選手も、トッププレーヤーになれるのだと、プレーで示したかった。勝負の相手は他人ではなく、あくまで自分自身。過去の自分にだけは負けたくない。その思いでずっと闘っていました」

負けず嫌いを自称する大畑は、弱い自分を認めなかった。

「本当はすごく弱いんですよ。自分に甘いし、サボりたがる。だから己が理想とする『ラグビーの大畑大介』を作り上げていったんです。そのヒーロー像を実現させていくことが、僕の原動力になりました」

そうして自分を奮い立たせ、高いハードルを課した。

「壁を乗り越えていくのが好きだったんだと思います。目標はいつも言葉に出して、後に引けない状況に自分を追い込んできましたから」

しっかりとした足場を築くために、ゼロから挑戦してみたかった

大畑が初めてワールドカップに出場したのは一九九九年のこと。闘ったのはあのウェールズだった。大畑の決めた三〇メートルの独走トライは、「大会一、美しいトライ」と賞賛された。

「ワールドカップはやはり特別な大会ですね。選手たちの本気度も、会場の雰囲気も全然違う。そんな試合を経験するのは初めてで、グラウンドに立った時、なんとパニックに陥ってしまったんですよ。情けないことに浮き足立って、普段のプレーがまったくできませんでした」

あのトライを決める直前には、チームメイトから喝《かつ》を入れられた。

「元オールブラックスの同僚選手たちに、『おまえにはもうボールを回さないぞ』と激怒されたんです。慌てるだけで覇気がない僕にガッカリしたんじゃないですか。監督に怒られるよりもこたえましたね」

その仲間の声に奮起して、あの美しいトライが生まれたのだ。

「僕はその半年前に香港セブンズという国際大会でもトライを決め、MVPをもらっていたんです。それで調子に乗っていました。浮《うわ》ついた僕のプレーなど、ウェールズを相手にしてはまったく通用しませんでした。足場のしっかりしていない人間はダメだと心底痛感しましたね」

その後、大畑は日本を離れ、海外へ留学する。

「ワールドカップの出来事があり、海外で経験を積みたかった。とにかく足場を一から固め直したかったんです。日本では、たとえ手を抜いても、一つプレーを決めれば『やっぱ、大畑、すげぇ』なんて言われる環境でしたから。まだ二十五、六歳で、いい気になっちゃいけないと自らを戒めたかった」

自分のことを誰も知らない地に行って、ゼロからの挑戦を求めた大畑。

「周囲からは『チームに必要とされている選手が、なぜ言葉も通じない場所での闘いを求めるんだ』と言われました。でも僕は、自分はもっとできる、やらない後悔よりもやってする後悔を取りたい、と思ったんです」

最初に行ったオーストラリアでは高評価を得る。しかし、次のフランスチームへの移籍は、彼の前途に影を落とすものとなった。

「半年以上も試合に出してもらえず、毎日、黙々と練習だけをしていました。でも、僕は単なる失敗とは思っていなかったんです。その経験から、どんな時もクサらずに気持ちを維持することを学びましたから」

試合に出て芝生の上を走る幸せも実感した。

「サブに甘んじた苦しみがあったから、ゲームを戦える尊さに気付きました。あの頃があって折れない心を持つことができた。辛い経験こそ、糧になる。そのことを知りました」

父親のために、周りの人たちのために、このままでは終わらない

帰国した大畑は、二〇〇三年のワールドカップに出場し、その後もトライ数の世界記録を樹立するなど、活躍が続いた。そして迎えた二〇〇七年、ワールドカップを控えたその年の一月に、なんと右足のアキレス腱の断裂という大ケガを負うのである。

「僕も三十二歳になっていましたから、あの年のワールドカップを最後に第一線を退くタイミングを模索していました。あの頃は、自分の新たな可能性を探っていた時期でした。ところが、いきなり右足のアキレス腱を切ってしまった。そこで、『このケガから奇跡の復活を遂げ

てワールドカップに出場すれば、最高のシナリオじゃないか』と考えたんです。だから猛烈に自分を追い込んで、リハビリに励みました」

ところが、待ち受ける運命は予想を遥《はる》かに超えていた。リハビリで右足が回復した矢先、ワールドカップ大会直前になって今度は左足のアキレス腱を断裂してしまう。すべてを出し切るつもりだったワールドカップに、大畑は結局出場できなかった。

「二度目にアキレス腱を切った時、『もうアカン……』と思いました。実は、一度目に切った日の夜、親父が家に来てこう言ったんですよ。『こんな体がボロボロになるようなスポーツさせて、悪かったな』と。親父も学生時代にラグビーをやっていたんです。僕が始めたのは父の影響でした。親父にしてみれば、自分のせいで息子がケガしたように思ったんでしょうね」

大ケガを負った息子を見て、父はラグビーというスポーツに出合わせてしまったことを、何度も詫《わ》びた。

「僕は、ラグビーに出合えたことを父と母に感謝していたんですよ。子供の頃からラグビーでしか親孝行できなかった。でもそのラグビーで、親にこんな悲しい思いをさせてしまった。だから、ここで終わるわけにはいかないと思いました。もしここでやめたら、親父に一生、心の重荷を背負わせてしまう。絶対にもう一度、グラウンドに戻ろうと思いました」

選手生命を危《あや》ぶむケガからの復帰は、父を思ってのことだった。

「もちろん、親父だけじゃなく、僕を応援してくれたすべての人に恩返しをしたい気持ちで、返り咲きを誓っていましたね。復帰できたことで、今度は限界まで、とことんまでやってやろうと考えたんです。僕の選択肢は『やるか、やらないか』しかないんです。信号でいったら赤と青。黄色はないんですよ。引退した後も、それは変わりませんね」

二〇一九年ワールドカップの日本開催が決定した。日本は、ホスト国に相応《ふさわ》しい強く熱いラグビーを見せなければならない、と大畑は思っている。

「自国開催のワールドカップは、日本のラグビーの新たなスタートラインです。引退した僕は、次の世代に引き継げるものはすべて伝えていきたい。それが、今の自分の役目だと思っています」

第 4 章

勝つことへのこだわり

●水泳

入江陵介

PROFILE　Ryosuke Irie

1990年　大阪市生まれ。乳児の頃からベビースイミングのクラスに入り、小学２年から本格的に水泳を開始。中学校で背泳ぎに転向
2006年　アジア大会200メートル背泳ぎで優勝し注目される
2007年　世界競泳200メートル背泳ぎで優勝
2008年　近畿大学入学。北京オリンピック200メートル背泳ぎで５位入賞
2009年　５月の日豪対抗で200メートル背泳ぎで世界新記録１分52秒86を出すも水着が規定外のため非公認に。７月の世界水泳200メートル背泳ぎで１分52秒51を出し銀メダル獲得。９月の日本学生選手権100メートル背泳ぎで52秒24を出し日本新記録更新
2011年　世界水泳選手権。200メートル背泳ぎで銀メダル獲得
2012年　４月に株式会社ナガセに入社、ロンドンオリンピックに出場決定。イトマン東進所属

進化を続ける挑戦者

世界のトップスイマーである入江陵介は、世界記録を塗り替える競《せ》り合いに身を投じながら、自己の進化に確かな喜びを覚えている。競泳で「世界一」を目指す彼だが、一度の勝利、一度のタイムに安堵することはない。記録でも順位でも、自分はこれまで以上の成績を渇望する挑戦者だと自覚している。彼にとって、次なる勝利を得るために必要なものとは、幾多の経験と「もっと速く」「もっと強く」と願い続ける心だ。結果はその後についてくる。入江のあの涼やかな瞳の奥には、他の誰でもない、自分自身への闘争心が見える。

ブレない心の大切さを痛感

世界で最も美しいフォームを持つと言われる入江陵介。背泳ぎ一〇〇メートル、二〇〇メートル（二〇一二年五月時点・ともに長水路）で日本新記録を保持するスイマーは、未だ上昇気流の先端にいる。

「僕の得意種目は二〇〇で、以前は一〇〇ではあまり結果を出せていませんでした。でも日標はオールラウンドに活躍できる選手なので、ロンドンオリンピックに向けては意識して一〇〇メートルを強化していきました。一〇〇で勝って四〇〇メートルリレーや、メドレーリレーの選手にも選ばれたい。日本代表として、リレーでもメダルを目指したい。その思いがあって、これまで以上の練習にも取り組めました」

得意の二〇〇では常に盤石《ばんじゃく》な泳ぎを見せる入江。一〇〇でも他を凌駕《りょうが》する泳ぎをしたいという思いが、北京からロンドンへの大きな原動力となった。

入江は、自らの泳ぎをビデオで観ながら分析し、弱点を意識することで方策を練った。

「一つはレース展開です。僕はどちらかというとスロースターターで、前半にリードを許し、そのまま逃げ切られてしまうことが多かった。だから、前半でどれだけ離されないかが大きな課題だったんです」

しかし、最初から飛ばし過ぎても後半戦で遅れれば勝利は遠ざかる。

「前半で全力を出してしまうと、後半に乳酸がたまってすぐに力尽きてしまいます。水泳ではそういう状態を『浮く』と言うのですが、浮いた状態の時は、本当に前に進まない。ラスト一五メートルが勝負なのに、どれだけ力を込めてグッとかいても動かなくなってしまいます」

「浮く」ことのない体力作りや戦術が雌雄を決するのだ。

「そのために前半をどれだけラクに速く泳ぐか。これはスイマーにとって永遠のテーマなんです。レースでどうペース配分するかが勝負の鍵《かぎ》になってきますね」

つまり、焦らず自己の体が発する「声」を聞き、冷静に泳ぐメンタリティーが不可欠になる。

「そのためには自分の泳ぎを知り尽くす必要がある。良いところとダメなところを認識してこそ、克服すべき課題が浮き彫りになります。そして見つけ出した課題は徹底的に練習でクリアしていく。北京オリンピックの後はその作業を意識してやってきました」

そして、もう一つ。彼に精神的な強さをもたらしたある出来事があった。競泳界を揺るがした水着問題である。当時、渦中に立たされていた彼は、レースを闘いながら、それを乗り越えた。

「僕は、二〇〇九年五月に二〇〇メートルで世界新記録に相当するタイムを出したのですが、着用していた水着が国際水泳連盟に認可されず、記録が公認されませんでした」

幻になった世界記録。入江自身も衝撃を受けた。

「その後、いろいろと考えさせられました。努力して記録を出してもメディアからは『水着は何を着ていたのですか？』という質問ばかりされて、正直、選手としては苛立ちを感じていましたから。でも、その時に、こんな時こそ、良い泳ぎをして自己ベストを重ねていかなければ、と思ったんです。記録は水着が作っているんじゃない、スイマー一人ひとりのものなんだ、と伝えるために」

二〇〇九年七月の世界水泳では、公認されなかった幻の世界新を超えるタイムを叩き出し、見事に銀メダルを獲った。彼は、自らの力で実力を証明した。

現在では、国際水泳連盟による水着の規約が設けられ、選手たちは実力で闘えるようになった。

「ああした経験を糧に、ブレない心がどれほど大切なのかを知りました。二〇〇九年、水着問題の中で出した記録や世界水泳での銀メダルは誇りに思っていますが、自分にはまだまだ課題も多く、その課題をクリアすることが重要でした。なので、勝利の余韻《よいん》に浸っている暇はありませんでしたよ」

異次元だった日本代表が、現実のものとなった時

入江が水泳を始めたのは物心つく前だった。乳児の頃、兄が通っていたスイミングスクールのベビースイミングのクラスに入り、記憶のない頃から水に親しんだ。

小学二年生の時には選手育成コースに選ばれる。

「兄がイトマンスイミングスクールの選手育成コースに入ったので、二年生の時、僕もついでに入れてもらったんです。はじめは全然センスがなくて、女の子にも負けちゃうくらい非力でした。朝練も辛くて、あまり水泳が好きじゃなかった。ただ、それでも練習を重ねていると、だんだん勝てるようになって、少しずつ楽しくなってきました」

小学生の時には、自由形（クロール）と背泳ぎの両方を泳いでいたが、中学生になると成績の良かった背泳ぎを選ぶ。すると、次々に新記録が生まれ、瞬く間に全国のトップ選手になった。世界一美しいと言われるそのフォームは、この頃にはすでに完成していた。

「自分でも背泳ぎが一番好きでしたし、自然に今のフォームになりました。フォームに関しては子供の頃から、一度も矯正したことがないんです」

当時の入江は、水泳が好きだという思いを、勝利という野心に変えることがなかった。

「中学生でトップになれても、その先のことは考えていなかった。オリンピックや世界水泳は、自分とは別世界の話だと思っていましたから。オリンピック選手なんて、次元の違う存在で憧れることすらありませんでした」

そんな入江の転機は、高校二年の時に訪れる。出場した日本代表選考会でその心の火が付いた。

「僕は、自分が日本代表になれると思っていなくて、軽い気持ちで参加していました。でも選考会が進む中で、自分と親しい同世代の選手が、すんなり日本代表入りを決めたんですよ。すると急に、自分一人が置いていかれるような寂しさに襲われました。僕のレースは選考会の最後のほうの日程だったのですが、それまでの数日間、夜眠れないくらい考え込んでしまいました。そのショックの中で初めて『自分も世界の舞台に立ちたいんだ』と思えたんです」

それまで異次元だと思っていた日本代表が、急に現実のものになった。日本の代表になるという意識が芽生えると、目指す場所は疑いなくオリンピックだった。

負ける恐怖心が心を弱くした

ところが、そのオリンピックの選考レースでは、これまで感じたことのない怖さにおののくことにもなった。

「選考会レースには魔物が棲《す》んでいる、何が起きるか分からない、と言われるのですが、その通りだと思いました。北京オリンピック選考会で最初に泳いだ一〇〇メートル背泳ぎでは、体がガチガチになり、三着に終わって代表にはなれなかったんです。母に電話をして、その結果を伝えていると、自分でも意識しないうちに涙が溢れ出ていたんですよ」

オリンピックから遠ざかる恐怖が、若い彼の心を弱くしていた。

「負けて泣くなんて、そんなことは初めての経験でした。あのレースは、あまりに緊張して自分の泳ぎができないまま終わってしまった。だから『このままじゃ次の二〇〇の選考レースでも勝てないんじゃないか』と、どうしようもなく不安になってしまったんです」

母は入江に「泣きたい時は泣けばいいよ」と言って、息子の不安な気持ちを否定しなかった。周囲も、普段通りに泳げば必ず結果はついてくると、明るく入江を励ました。

家族や仲間に助けられ、なんとか落ち着きを取り戻した入江は、後がないことを意識しつつ二〇〇メートル背泳ぎの予選に臨んだ。

「負けたら終わり、という怖さはありました。でも、いよいよスタートする時に、自分は全力で自分の泳ぎを全うすることしかできないんだ、と分かったんです。決勝レースの前半はメチャメチャ負けていたんですが、後半、猛烈に追い上げて、タッチの差で代表に入ることができました」

二〇〇でオリンピック派遣標準記録を突破した入江は、追い求めた日本代表の座を辛うじて摑んでいた。

オリンピックに出るからにはメダルを狙う

「レースが近づいてくると、負けることへの恐怖は今でも抱きます。でも最近では、試合会場に入ってしまうと気持ちが落ち着くようになりました。ここまで来たら、もう何もできない、ただ泳ぐだけだ。そう思うと腹が据《す》わるんです。水に飛び込んでスタートについた時が一番落ち着いていますよ」

恐怖心を素直に露《あらわ》にしたからこそ、「今さらジタバタできない」という覚悟が生まれた。

「勝負は誰も助けてくれない。レースは自分一人で闘うものですから」

精神面での成長も著しい入江は、日本水泳界のエースとしての責任を背負うことも厭《いと》わない。

「常に『世界一』を目指しているので、どんなレースでも高揚感はあります。一方、日本代表である自分は『速く泳ぐレース』と『勝負するレース』の違いも、強烈に意識するようになりました」

自己との闘いに専念するならば、求めるのは自己ベストだ。だが、レースでは記録より勝負を重んじることがある。

「オリンピックを見据えるなら、やっぱり『勝負するレース』にも力を入れていかなくてはいけないんですよ。北京の頃は、ただオリンピックに出場できればよいと思っていました。でも、北京オリンピックに出て、北島康介さんをはじめ世界のトップ選手たちを間近に見て感じたのは、出場するだけじゃダメだ、勝たなければ意味がない、ということでした。『速く泳ぐ』ことも大事です。でもオリンピックの舞台では、メダリストとそれ以外の二者しかいない。だったら、やっぱり自分はメダリストになりたいと思っています」

◉フェンシング

太田雄貴

PROFILE　　Yuki Ota

1985年　滋賀県大津市に生まれる。小学校３年生からフェンシングを始め、小・中学ともに全国大会を制覇。高校時代には史上初のインターハイ３連覇を達成。高校２年生で史上最年少の全日本選手権優勝

2004年　アテネオリンピック出場（９位）。同志社大学入学

2006年　アジア競技大会優勝

2008年　北京オリンピックで日本フェンシング史上初の銀メダルを獲得。森永製菓入社

2009年　ワールドカップ（キューバ・ハバナ）個人優勝。日本人選手として初めて世界ランキング１位になる（５～９月）。また森永製菓協力のもと、念願である小学生を対象としたフェンシング フルーレの大会「太田雄貴杯」を開催

2012年　５月にロンドンオリンピック代表選出

華麗なる一瞬の攻防

フェンシングの語源は柵《さく》・囲いを意味する「フェンス（ｆｅｎｃｅ）」である。敵から身を守ることを基本とした競技で勝つためには、むしろ果敢で激しい攻撃が必要となる。相手の動きを制しながら、アタックを仕掛ける一瞬の攻防はゲームを超越した緊張感に包まれる。太田雄貴は、ヨーロッパの騎士道から誕生したこのスポーツで欧州のトップ選手と頂点を競い合う。一瞬で相手を刺すスピードは世界一速い。この剣さばきと、勝利を求め続ける心が、彼の華麗なフェンシングを支えている。

父の喜ぶ顔が見たくて競技に打ち込んだ

二〇〇八年の北京オリンピックのフェンシング・フルーレ個人で銀メダルを獲得した太田雄貴。彼の登場で、マイナー競技だったフェンシングの人気は一気に高まった。

滋賀県大津市で生まれた太田は、同志社大学を卒業後、北京を目指してフェンシング一筋の生活を送っていた。大学の同期生たちが社会人として働き始めるなか、彼にも不安や迷いがあった。

「本当は僕も、就職するか大学院に行きながら競技を続けようと思っていたんです。でもある時から、自分が逃げ道を作っているような気がしてならなかったんですよ。競技から逃げているだけじゃないか、って。『フェンシングだけ強くても、それって人間としてどうなんだ？』と周囲に話しながら、フェンシングに没頭したい気持ちを隠していました。そんな自分を許せなくて、ある時、断崖《だんがい》からジャンプするつもりでフェンシングだけの生活を選んだんです」

収入はゼロだった太田を支えたのは家族だった。

「父親が『好きなフェンシングのためなら、こうした時期があってもいいんじゃないか』と認めてくれたんです。『今はオリンピックに向けて、思い切ってやってみろ』と」

そもそもフェンシングを始めたのは、その父の勧めだった。

「父も高校時代に競技をやっていたんです。デュマの小説『三銃士』に登場する若い騎士、ダルタニアンに憧れて始めたそうです」

兄と姉にも教えたが、二人ともすぐにやめてしまった。

「兄弟で僕が最後の砦《とりで》だった。だから父も必死だったんでしょうね。父は教育者で、子供を物で釣るのは良くないと思っているはずですが、ある時『スーパーファミコン買ってあげるから、フェンシングをやらない？』と、子供の僕に聞いてきました」

小学校三年生の太田は、見事に釣られてしまった。

「でも練習を始めてみると父はメチャクチャ厳しくて、最初はイヤイヤでしたね」

それでも、父との練習は一日も欠かしたことがなかった。

「それが僕の自慢です。小学校を卒業した後の春休み、進学する平安中学校で泊まりがけのオリエンテーションがあったんですが、父とのトレーニングができないのがイヤで、先生に泣きながら直談判したんですよ。『小学三年生の時から毎日続けてきたものを、ここで中断するなんて考えられへん！』と。だから帰ってトレーニングをやらせてください、と必死で頼みました。すると許しが出たんです。結局、父が中学校に来て、体育館の片隅で練習したんですよ。そのぐらい、練習に対する気持ちは強く持っていました」

思えば、その一日一日がオリンピックにつながっていった。

「ただ、小・中学校の頃に競技に打ち込んだ一番の理由は、父の喜ぶ顔が見たかったからです。言い換えれば、父を喜ばせたくてフェンシングを続けていたんですよ。まだ勝負のためにやっていたわけではありませんでした」

オレグコーチとの出会い

自分のための闘いが始まったのは、世界に出ていった頃からだ。二〇〇四年、十九歳でアテネオリンピックに出場し、九位という成績を収めた。

「初めてのオリンピックに全力で挑みました。が、実際は九位の実力なんてありませんでした。内容的には三〇、四〇番手くらいです。世界で勝つことの難しさを実感したのは、アテネでした」

その時期に彼にとっての大きな出会いがあった。ともに北京オリンピックを目指すことになるウクライナ人コーチのオレグ・マツェイチュクが、日本フェンシング協会により招聘《しょうへい》されたのだ。

「彼が日本に来て最初にレッスンを受けたのが僕でした。ただ僕には小学三年生からずっと指導してくれていた飯村栄彦さんというコーチがいて、すぐにはオレグのことを認めることができなかったんです。オレグに対しては『いきなりやってきて、おまえに俺の何が分かる』という感じで、ものすごく反発していました。オレグも僕を生意気だと思ったのでしょう。お互いの母国語で、よく喧嘩《けんか》をしていました」

オレグコーチのレッスンを太田が受けることになったのは、オレグが来日して三年が経つ頃だった。

「自分のフェンシングに行き詰まってしまったんです。大学三年生の時には、負け知らずだったインカレでも敗れてしまい、世界を目指しているはずなのに、日本でも勝てなくなった。不甲斐ない結果に愕然《がくぜん》としました。それで、アジア大会が一週間後に迫った日、反発していたオレグに頭を下げたんです。『俺にレッスンをつけてください、お願いします』と」

プライドの塊だった太田が、それをかなぐり捨てた。

「とにかく勝ちたかったんですね。自分と考え方が違ったオレグの指導を無心で受け入れて、それでダメだったら、自分には才能がないとあきらめよう、と決めていました。それからは彼に何を言われてもすべて従いました。イエスマンというあだ名までついたくらいです」

結果はすぐに出た。アジア大会で見事に優勝を果たすのである。

「オレグの指導は的確でした。僕自身、体力や技術は今まで積み重ねてきたものがある程度はありました。でもそこから先の、勝利を掴むために必要なことを教えてくれたのがオレグでした。それからは、自分でもびっくりするほど勝てるようになったんです」

自分の弱点と向き合うことで見えてきたもの

それが北京オリンピック前年のことだ。しかし、オリンピック本番まではまだ剣山を越えなければならなかった。

「オリンピックの年にはまた不調に苦しみました。オリンピックの二カ月前、格下の選手にも負けて『おいおい、大丈夫かよ』と自分でも不安になるくらいでした。それで、僕はまた一つ、自分のプライドを突き崩す作業をしたんです。オレグに頭を下げたのと同じように」

過去に負けた試合のビデオを観て、徹底的に自分の動きをチェックしたのだ。

「それまで僕は、自分の試合をビデオで観るのが大嫌いだったんですよ。特に負けた試合は絶対観なかった。要はダメな自分と向き合うことから逃げていたんですね。この時初めて、自分の何が悪いのかを冷静に分析して、オレグやトレーナーと『どうしたら勝てるのか』を相談し、話し合ったんですよ」

自分の弱点と正面から向き合うと、勝つための機軸が見えてきた。

「それまでの僕は、技の多さが長所でした。多くの技を繰り出せればフェンシングの幅は広がります。けれど、たとえば八つの選択肢があれば、それが三つしかない人に比べて瞬時の判断に時間がかかってしまう、というリスクがあったんです。特にオリンピックのような大会では、常に正しい判断ができるとは限りません。だから、あえて決め技を絞って選択肢を少なくすることにしたんです」

確実に勝っていくために決め技を絞り、基本的な動作を繰り返し練習した。

「実際、北京で点が取れたのは、すべて、この時期に選んだシンプルな技ばかりでした。体に染みついていた技が、相手を射止めました」

二回戦と準決勝は緊迫の中で進められた。二試合とも、一五本勝負のうち一四対一四で並び、そこから掴んだ勝利だった。

「あの二つの試合、あまり勝つということは意識しませんでした。とにかく自分のプレー、自分のプレーとだけ考えていたんです。本当に勝利を意識したのは、最後の最後。そこまでくると不思議に頭がシーンと冴《さ》えて冷静になれました。自分の行なうべき技、攻めるべき位置がよく見えた。心は平静で、負ける気がしなかったんです」

積み重ねてきた努力が結実した瞬間だ。選ばれた者だけが味わえる境地である。

ロンドンオリンピックやその後の大会でも太田が闘い続ける理由はシンプルだ。

「銀メダリストになった後のいっとき、フェンシング普及のためにというモチベーションで闘っていた部分もありました。でも今は、純粋に勝つことが好きだから闘っているんだと思います。どんなスポーツも勝つから面白い。『あっ、俺、強い』、選手は皆そう思える瞬間を追い求めているんじゃないでしょうか。僕自身、何度負けても、また闘いの舞台に戻りたいと思っていますよ。勝利の一瞬に湧き起こるあの感激を、また味わいたいですからね」

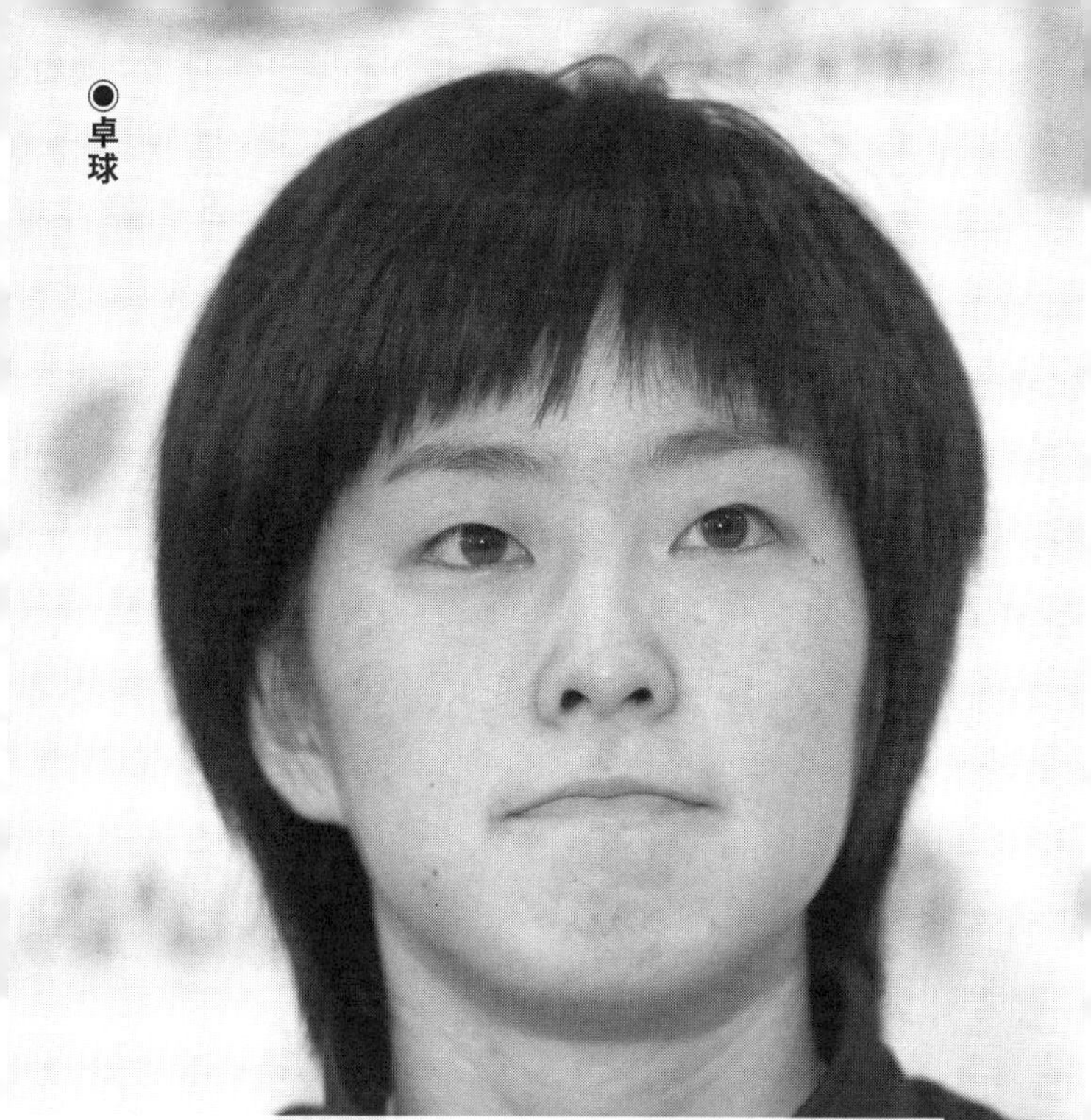

石川佳純

PROFILE Kasumi Ishikawa

1993年　山口市生まれ。元卓球選手の母・久美さんの指導のもと、6歳から卓球を始める
2004年　小学校6年生で全日本卓球選手権大会・ホープスの部優勝
2005年　小学校卒業後、大阪のミキハウスＪＳＣに所属し、四天王寺羽曳丘中学校に進学
2007年　全日本卓球選手権大会で史上最年少（13歳11カ月）シングルス3位となる。世界卓球選手権大会のダブルスに史上最年少（14歳3カ月）で日本代表入り
2008年　四天王寺高校進学。全日本卓球選手権大会シングルス3位
2009年　全日本卓球選手権大会シングルスベスト8、ダブルス優勝（平野早矢香とペア）。世界卓球選手権大会で日本勢最高のシングルスベスト8
2010年　世界ジュニア選手権大会女子団体で初優勝
2011年　全日本卓球選手権大会女子シングルスで初優勝
2012年　ロンドンオリンピックに出場予定。現在、全農に所属

心に覚悟がある限り

六歳で卓球を始めた石川佳純。元国体選手である母親が率先して娘に英才教育を施したのは確かだが、まだ小さな石川が「絶対に途中で投げ出したりしない」と、母に懇願《こんがん》しなければ、若きオリンピック選手は誕生しなかった。娘の真っすぐな視線を受けた母親は、その未来を微《かす》かに思い描き「この子なら、やり通すかもしれない」と思ったという。石川は、幼き日にラケットとボールを持ち、自己の表現の手段を見つけ出した。そして、母は娘の一途《いちず》な気持ちを受け止め、可能性を信じた。その親子であり、コーチと選手である二人の信頼が石川を世界で闘う者としたのである。石川に、目指すものを得たいと思う覚悟がある限り、努力と挑戦の日々は終わらない。

順調なキャリアの中で迎えたスランプ

日本の女子卓球界の隆盛は目覚ましい。石川佳純は、平野早矢香《さやか》や福原愛らとともに、その人気の一翼を担っている。

「私なんてまだまだです。平野さんや福原さんにはダブルスを組んでいただいていますが、ミスして迷惑をかけることも多いんです。『大丈夫、次で挽回《ばんかい》していこう』と言ってもらうたびに『自分がパートナーで本当にいいのかな』と思います。目標はまだまだ上にあって、頑張らないといけません」

石川の成績は確実に上昇線を描いているが、トップを志す本人は満足などするはずがない。彼女にとっての大きな転機は、二〇〇九年春の世界卓球だ。シングルスで日本勢最高のベスト８に進出。二〇〇三年の福原以来の快挙となった。

「あの世界卓球の感想は、楽しかったということです。いい成績が出せて嬉しかった。でも、世界卓球の前はずっと結果が出せなかったんですよ。まったく勝てない大会が五つ、六つと続いて、正直もう私は選手としてダメかもしれない、とすら思いました。ミキハウスの大嶋雅盛監督は『ここを乗り越えれば、もっと強くなれる』と言ってくださったのですが、それでもなかなか気持ちを切り替えられず、どん底の気分は長らく続いていました」

不調の原因は、まったく分からなかった。

「母からは『初心に戻って練習しなさい』と言われましたが、そのつもりでやっているはずなのに、と思っていました。負けるたびに、何がダメなんだろうと、それぱかり考えてしまって。頑張ろうと臨んだ試合では、空回《からまわ》りして余計に勝てなくなりました」

あきらめなければ「流れ」は変わる

小学生で卓球を始めた石川は、十四歳で日本代表入りを果たし、翌年には全日本選手権三位にもなった。そんな順調なキャリアの中で、迎えた最大のスランプに石川はなす術がなかった。

「今まであれほど苦しい経験はありませんでした。順調だっただけに『以前に比べたら完全に勝利から見放されている』と、マイナスにしか考えられなかった。それまで積み上げてきた自信が、すべてなくなってしまいました」

不調なままで迎えた世界卓球。不安な気持ちだけが彼女の胸にあった。

「試合前は心配で眠れませんでした。ところが、試合が始まってみるとビックリするくらい調子が良かったんです。シングルスでどんどん勝ち進むことができました」

特に二回戦、世界ランキング一〇位（当時）の香港・帖雅娜《ちょうがな》戦の逆転劇は後世に残るゲームとなった。世界卓球の試合は七ゲームマッチだが、石川は途中までまったく歯が立たず、劣勢だった。先に三ゲーム連取され、四ゲーム目も三対九で負けていた。

「観客席の人たちも、退屈なゲームだと感じていたと思います。会場はシーンとして、もう夜も遅いしそろそろ帰ろうか、というムードが漂っていました」

しかし、次の瞬間、起死回生となる、奇跡のような一打が生まれた。石川の打球が、これまでにない勢いで相手コート深くに突き刺さったのだ。

「打点を変えたんです。バウンドした球が弧《こ》を描いて落ちる寸前の、高い位置で打つことができました」

それまでの不調は低い打点が原因でもあった。

「低い打点だと簡単に打ち返せるのですが、高い打点で打ち返すと、相手は球がどこに飛んでくるのか判断しにくくなります。だから一瞬迷って、打ち返す時にラケットにボールを当てるだけになる。すると強い球は返ってきませんから、こちらにとってはチャンスボールになるんです」

攻撃的であるためには、打点に高さが必要だということは分かっていた。しかし理屈で分かっても、簡単にはできなかった。

「打点を高くするプレーには、素早い動きと決断力が必要になります。慎重になって攻める気持ちが弱まると、どうしても打点が下がってしまうんです」

打点が高いとミスショットの可能性も高い。負ける寸前の石川は、一《いち》か八《ばち》か、高い打点で勝負に出た。

「調子が悪い中でも『世界卓球では絶対勝ちたい』って気持ちが心の奥にありました。最後の一本まであきらめずにやろうと思っていたんです。なので、集中力は途切れなかった。追い詰められた瞬間、『高い打点から思いっ切り打ってやる！』とラケットを振り抜いたら、相手コートの端に入ったんです。もう二ミリずれていたらアウトでした」

そこからは別のゲームが展開された。

「帖選手は、いつもはポーカーフェイスなんです。でも、だんだん顔色が変わってきて、それを見た私は『いけるかも』と思いました」

静まりかえっていた会場の雰囲気も一変し、再び声援が沸き起こっていた。

「一球でゲームの流れがあんなに変わるなんて。私にとっても劇的な瞬間でした」

石川は、勝負のダイナミズムを経験したのである。

「あきらめなければ勝つことができるんだと思いました。でも、勝利したその後は、本当にあのゲームを闘ったのは自分なのかしら、という気持ちでした。もう一回、あのゲームを再現してと言われてもムリです」

かつてないスランプを味わった石川は、自分には失うものは何もない、と暗い気持ちを振り切った。

「やっぱり結果を出せないことは悔しかったです。中学生の時は、たまたま大会で勝って注目されました。でも、負け続けると、すぐにみんなの視線が離れていくのが分かります。中学生の頃がピークの選手だとは絶対に思われたくなかった。そう思って踏ん張りました」

勝負の厳しさも含めて、卓球が好き

石川は、小さい頃から負けず嫌いだった。普段は穏やかだが、卓球になると人一倍の負けん気を発揮した。

「普段はのんびりしていますが、卓球だけは別です。卓球のスタイルも、負けたくないから攻撃先行になりました」

攻める卓球が石川の魅力になる。

「監督に言われたんです。世界で勝とうと思ったら、攻めなければダメだ、と。私は体も小さいしパワーもない。体格の良い強い選手にガーンと打たれたら返せません。だから自分から先に強く打って、甘いチャンスボールを生み出さないといけないんです」

あの世界卓球以来、身に付けた技がある。

「下回転と見せかけて上回転の球を打つなど、フェイントをかけることを覚えました。そういう駆け引きも大試合には大切だと気付いたんです」

より強くなるために語学の勉強も始めた。

「中国語の勉強を本気でするようになりました。中国語って、卓球の専門用語がすごく細かくあって、日本語では表現できない卓球用語がたくさんあるんです。中国人のコーチも、技術を解説するのは日本語では難しいと言うんですね。それで勉強を始めました。福原さんは中国語がペラペラなので、よく教えてもらいます。最近はコーチの言葉も分かってきましたし、香港の選手と中国語でメールのやりとりもしています」

日本代表に選ばれたばかりの石川は「憧れの先輩たちと毎日一緒に練習ができて嬉しい」と言った。しかし、今では、そんな先輩たちと肩を並べて闘う立場になった。

チーム戦やダブルスでは皆で励まし合うが、個人戦ではライバルとして火花を散らす。

「以前はプロツアーに参加しても『みんなすごいな』と思うだけでした。でも今は、自分も負けずに世界ランクを上げたいと思っています」

「頼りにしている平野さんや福原さんと闘うのは緊張します。でも、そういう試合にも挑んで勝てなければ、世界は見えてこない」

強くなることは、孤独になることでもある。

「一人で戦う卓球は、どんな状況になっても誰も助けてくれません。それでも私は卓球が好きです。勝負は厳しいけれど、あの緊張感と、勝った時の喜びは言葉にならないほどです。いつかは、世界一位の中国に勝って、ガッツポーズを決めたいです」

●スピードスケート

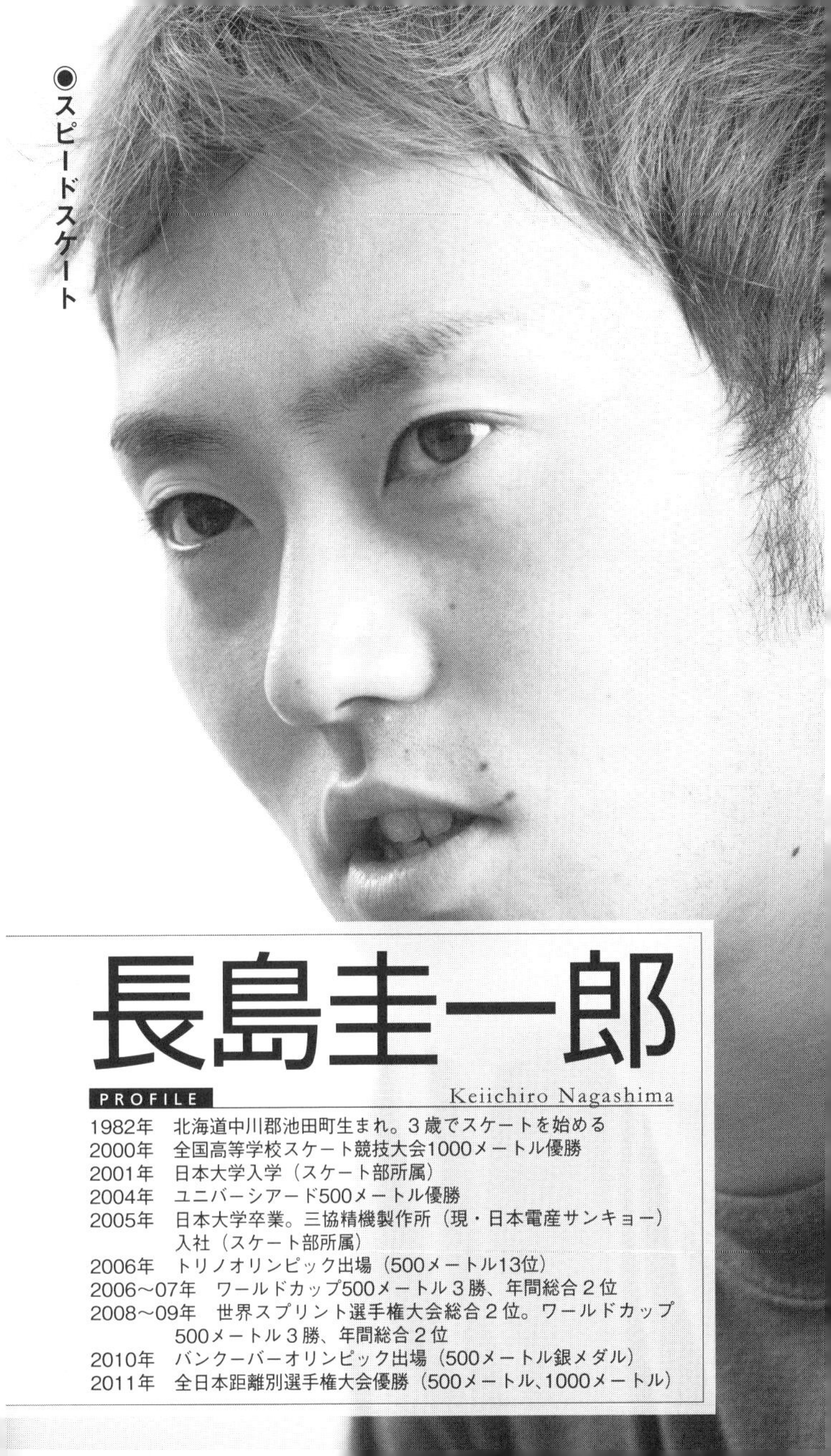

長島圭一郎

PROFILE　Keiichiro Nagashima

1982年　北海道中川郡池田町生まれ。3歳でスケートを始める
2000年　全国高等学校スケート競技大会1000メートル優勝
2001年　日本大学入学（スケート部所属）
2004年　ユニバーシアード500メートル優勝
2005年　日本大学卒業。三協精機製作所（現・日本電産サンキョー）入社（スケート部所属）
2006年　トリノオリンピック出場（500メートル13位）
2006〜07年　ワールドカップ500メートル3勝、年間総合2位
2008〜09年　世界スプリント選手権大会総合2位。ワールドカップ500メートル3勝、年間総合2位
2010年　バンクーバーオリンピック出場（500メートル銀メダル）
2011年　全日本距離別選手権大会優勝（500メートル、1000メートル）

気概と信念が勝利を導く

長島圭一郎のスケーティングフォームを見ていると、彼がどんなにこの競技を愛し、未知の領域を目指し挑んでいるのかが分かる。しなやかな動き、美しいコーナーリングは、技術の追求の果てに生まれたもので、絶え間ない努力の賜《たまもの》でしかない。常に「恰好《かっこう》良くありたい」ことを動機に勝利に意欲を燃やす彼の体軀は、欧米の選手に比べれば恵まれているとは言えない。しかし、その気概と信念は、体格の差を埋めても余りある。強さと華麗さを兼ね備えた彼のスケートは、観る者に勝利以上の感激をもたらすのである。

「不恰好なスケーティングはしたくない」

二〇一〇年二月十五日、バンクーバーオリンピックのスピードスケート男子五〇〇メートルで銀メダルを獲得した長島圭一郎。強靭な筋力が必要なスピードスケート短距離では欧米の選手がメダルを独占すると目《もく》されていたが、長島はその予測を鮮やかに打ち破った。

彼にあのスピードをもたらしているのは、美しいフォームだ。無駄のない合理的かつ優雅な滑りが、驚異的なスピードにつながっている。

「あまり不恰好なスケーティングはしたくないんですよ。いつも、余裕があって、楽に滑っているように見せたいんです」

決してブレないフォームは、血を吐くようなトレーニングから生まれた。しかし、長島はそれを他者に見せることがない。

「カッコつけだし、見栄っ張りなんです」

長島は北海道池田町の出身である。ウインタースポーツの盛んな土地で、スケートもごく自然に始めた。三歳の頃だった。

「姉二人が地元のスケートチームに入っていたんです。母が姉たちの練習の送り迎えをしていたので、よく一緒に連れていかれました。それで練習を待っている間、一人でリンクに入って遊んでいたんです」

だが、スケート一筋というわけではなかった。

「中学生になると冬にスケートをしましたが、夏は野球です。その頃は本気で野球選手になりたかった」

スケートで日本代表やオリンピックを目指すと決意したこともなかった。

「社会人になるまでは、オリンピックやワールドカップを目指そうなんて思わなかったんですよ」

伸び盛りなはずの高校時代も、平凡な選手だった。

「高校二年生まで五〇〇〇や一万メートルといった長距離を滑っていました。でもセンスがなくてまったく勝てず、長距離がダメなら短距離しかないな、と高校三年生の時に思い切って種目を変えました。そこでやっと少し勝てるようになった、そんな程度の選手だったんです」

短距離に転向した一年目にいきなりインターハイで優勝したが、長島にはそれ以上を目指す気持ちは起こらなかった。

「あの優勝では注目されましたが、高校時代は日本代表はもちろん、北海道代表にもなれなかった。当時の僕は、インターハイ止まりの選手だったんです。周りには小中学生の頃から海外遠征に行く選手もいたのですが、そうしたエリート選手に比べ、僕はまったく期待されていませんでした」

ジュニアの頃から注目を集める選手をすぐそばで見ながら、長島は、自分と彼らは住む世界が違う、と感じていた。

「大学四年生の時、ようやく日本代表に選ばれて、三協精機製作所（現・日本電産サンキョー）のスケート部に入社が決まりました。自分に転換点があるとしたら、この時でしょうか。社会人になるからには『レースに勝つ』ことが仕事。仕事だからこそ、オリンピックという最高の舞台を目指そうと思ったんです」

そして二〇〇六年、社会人一年目でトリノオリンピックへの出場を果たす。五〇〇メートルで一三位という結果だった。

「ただ情けないという思いしかありませんでした。もちろん、その段階でできることはやったんです。でも、日本代表としては『精一杯やりました』じゃダメなんですよ。トップ争いに入れなきゃ、オリンピックに出る資格も意味もない。そのことを痛感し、打ちのめされていました」

エリートじゃないから強くなれた

しかし、長島の快進撃はこの挫折から始まる。オリンピック後のシーズンにワールドカップで連続優勝を飾り、成績は世界のトップクラスになっていった。

「トリノが終わって半年くらいは、練習もまったくやる気が湧きませんでした。でもその年の十月にシーズンが始まると、こう滑ればいいのでは、というアイデアが急にポンポン浮かんできたんです。試してみると、結果がどんどん出てしまう。自分でも驚くぐらいスケートが速くなっていきました」

やる気が出ない中でも、頭のどこかで「早く滑るにはどうすればいいのか」と、スケートのことを考え続けていた。

「トリノで全力を出し切って、実力のなさを思い知ったのが良かったと思います。限界を知ることで、どう打開しようか模索するようになりましたから」

バンクーバーの前年、二〇〇九年のシーズンは、長島の試行錯誤が実を結んだことを示していた。得意とする五〇〇メートルに加えて、一〇〇〇メートルでも活躍し、日本記録も更新している。長島は常々目標にしていた五〇〇メートルと一〇〇〇メートル、双方で結果を残した。

「日本では昔から五〇〇のレースが注目されがちですが、世界では五〇〇だけでなく、一〇〇〇から五〇〇〇にかけて実力選手が多く、一番の激戦区なんです。だからこそ、その激戦区で勝ちたいと思いました。それで一〇〇〇メートルの練習をうんと増やすんですよ」

さらに長島は、環境や条件を言い訳にしないと決めるのだ。

「オランダなんて、レース中に氷が揺れるぐらいの応援が沸き起こって、盛り上がっています。そこで表彰台を争えたら、やっぱりカッコいいじゃないですか。スピードスケートは身体能力だけでなく、滑る順番によって氷の状態が違ったり、温度や湿度、標高などの『環境』にも大きく左右されます。でも環境ばかり気にしているようじゃ、レースには勝てません。どんな時でもどんな状況でも勝てる。それが実力だと思っています」

たとえ敗れても、それが自分の実力なのだと長島は、自らに言い聞かせた。

「強ければ勝つ。弱ければ負ける。それだけのことです。選手の中には、負けた時に『環境が良くない』『体調が悪かった』と説明する人が結構いるんです。人それぞれですが、僕は『スポーツは、結果がすべてだろ』と思っています」

競技者の多くは、本番に向けて調子のピークを合わせることに気を遣う。しかし、長島はそれにもあまりこだわらない。

「三日前にピークが来ちゃったから勝てなかった、なんて言い訳は通用するはずがないですからね」

メンタルの強さはどこから来るのか。その源は、「雑草魂」にある。

「小学校から高校、大学まで、ずっと名もない選手だったので、エリートには負けたくないという気持ちをバネにしている部分があります。ずっと一番になりたかった。コーチに認められたかった。でも、勝てなかった。誰も声をかけてくれなかった。そうしたコンプレックスがあったから、強くなれました」

雑草でも、温室育ちの植物に負けず美しい花を咲かせることができる。長島は、そんな思いを胸に秘めていた。

スピードスケート選手に一番必要なもの

長島は自分を、ジュニアの時代から注目され周囲に守られていた選手とは違うと断言する。自分で道を切り開いてきたという誇りもある。それが、プレッシャーを撥《は》ねのける盾になった。

「重圧が大きければ大きいほど、レースに勝つと嬉しいんですよ。一番高い表彰台に立った時は、見える景色が違うんです。あの爽快感を求めてレースを闘っています」

恐れ知らずのマインドも、国際レースを闘ううちに身に付けた。

「スピードスケート選手に一番必要なものは、端的に言うと、ビビらないことでしょうね。緊張や重圧にめげず、スタートから思い切り突っ込める選手が、やっぱり速いと思います」

レース前には気持ちを高めるため、大音量で音楽を聴いている。

「レゲエとかヒップホップ系の高揚感のある曲を。音楽にノッて、一回頭をリセットしておくんです。ほんの一瞬でもビビったら負けですから、弱い心を封印するんですよ」

いかに平静でかつ冷静であるか。それが勝負の鍵だ。

「普段通りに行動し、周りがよく見えていないとダメですね。短距離では、優勝候補の選手でもスタート時のささいな失敗で順位を大きく下げてしまうことがありますから。ただ僕自身は、多少のミスなら取り戻せる技術が身につきました。そこが最も成長できた部分だと思っています」

日本代表としての闘いは、長島にとって大きなモチベーションだ。

「レース用のスーツに日の丸をつけると、気持ちの入り方が違うんですよ」

三度目のオリンピックを見据える長島は、この瞬間も、自分のスケートの進化を感じている。

●ボクシング

長谷川穂積

PROFILE

Hozumi Hasegawa

1980年　兵庫県西脇市に生まれる。小学校２年生から父の指導のもとボクシングを始め、高校中退後、千里馬神戸ジムに入門
1999年　プロデビュー
2003年　ＯＰＢＦ東洋太平洋バンタム級王座を獲得
2005年　14度の防衛に成功していたＷＢＣ世界バンタム級王者ウィラポン・ナコンルアンプロモーションを下し王座へ。同年に初防衛成功
2007年　４度目の防衛成功。真正ボクシングジムへ移籍
2008年　5、6、7度目の防衛成功
2009年　8、9、10度目の防衛成功。同一世界王座の連続防衛記録は現在、日本人で具志堅用高氏に次ぐ歴代単独２位
2010年　11度目の防衛戦に敗れるもフェザー級への転向を決意し、ＷＢＣ世界フェザー級王座獲得
2011年　初防衛戦に敗れ王座陥落
2012年　４月に復帰戦でＴＫＯ勝利を収める

栄光の陰にあるもの

長谷川穂積がスパーリングを始めると、練習生たちの視線は、彼の鮮やかな動きとスピードあるパンチに釘付けになる。勝者であっても、敗者であっても同じように練習を積むだけと言った彼の顔には、勝利への執念とともに、ボクシングに身を投じることへの誇りが浮かんでいた。命を賭《と》する格闘技がこれほどまでに人の心を捉えるのは、リングで拳を交える者たちの、ひたむきな努力があるからだ。スパーリングの数だけ、長谷川はパンチを磨き、心にある恐れを振り払ってきた。その勇気こそ、彼が求め続けたものだった。

父の夢を背負い、再び始動

長谷川穂積は二〇〇五年にＷＢＣ世界バンタム級王座を獲得して以来、一〇度の防衛戦を闘いチャンピオンの座を守った。二〇一〇年四月の防衛戦でＴＫＯ負けを喫し王座から陥落するも、フェザー級への転向を決意し、同年十月に再びフェザー級で王座を奪取。二〇一一年四月に再びＴＫＯで破れ、チャンピオンベルトを失った。

だが、長谷川は闘いのリングから降りなかった。二〇一二年四月に復帰戦を闘いＴＫＯ勝ちした彼は、今、進むべき道を決めるための時間を過ごしている。

長谷川がボクシングを始めたのは小学二年生の時だ。長谷川の父親は元プロボクサーだった。

「僕は、ボクサーである親父を知りません。病気のせいで三試合で引退したんだそうです。だから親父は、自分の夢を僕に託したかったんじゃないですか。子供の頃、ボクシングを始めたのは、ほとんど親父の強制でした」

父との練習は、まさにスパルタ式だった。

「ボクシングの練習を始めてからは、普通の小学生の生活じゃありませんでしたよ。朝と夜に走って、腕立て五〇回、腹筋、背筋二〇〇回。もちろん、スパーリングもやりました。六年生の頃だったか、一度親父に『やめたい』と言いました。そうしたら『じゃあ、勉強せえ』と言って、ハンパじゃない勉強の量を押しつけてきたんです。もう嫌がらせだと思うほど。でも、勉強するならまだボクシングのほうがよかったんで、ボクシングを続けることにしました」

中学生になると、家でボクシングをやりながら、部活では卓球部に入った。

「ところが、うちの中学校の卓球部は強くて、練習も厳しかった。それで、ついに卓球一本に絞ることにしたんです。親父にそう告げると、『分かった。卓球やるんやったら、全国で一番になれ！』と言われました。そして、当時一〇万円ぐらいした卓球台を買ってくれたんです」

父は、どんなことでも「やるなら一番」の人だ。

「ところが、僕は一番にはなれなかった。結局、卓球では地元の西脇市（兵庫県）で優勝しただけでしたから」

高校に入ると部活もボクシングもせずにいた。

「毎日、遊んでいました。バンドを組んだり、バイクに乗ったり。羽目も外したけれど、生まれて初めて好きなことをしていると感じましたよ。楽しかったです」

やがて、長谷川に転機が訪れる。高校二年生で留年することになり、父と衝突して家出をしたのだ。

「家出といっても三日間だけでしたから、かわいいものです。それでも家に帰った時は怒鳴られることを覚悟していました。ところが親父は怒らなかった。ただこう言ったんです。『これからは、お前の好きなことをして頑張れ』と。親父は、中途半端なことをしている息子を見て怒る気力を失うほど、沈んでいた。その顔を見て、心底、悪いことしたなと思いました。あんなに血気盛んな親父が泣いていた。そこで僕は、もう一度ボクシングをやろう、父親のためにもボクシングに賭けてみようと決意したんです」

長谷川は高校を中退し、ボクシングジムに入った。幼い頃からの親子の夢が、再び動き始めた瞬間だった。

トレーナーと二人三脚で世界を目指す

その六年後、夢は現実になった。長谷川が初めて挑んだ世界戦で、一四回連続防衛に成功していた当時のバンタム級最強ボクサー、タイのウィラポンに劇的な勝利を収めたのだ。ボクシング界に衝撃が走った。

「プロデビュー時から、目標は世界チャンピオンだったんです。親父が常々『目標は一番高いところに設定せなあかん』と言っていて、僕自身もそう思っていましたから。ウィラポンは、自分がデビューする前からチャンピオンだった選手。彼が六年間王座を守り続ける間に、自分は六年をかけてそこまで上り詰めたんです。だから、彼に勝利した時には、特別な感慨がありました」

王者となった長谷川だが、その活躍の陰には、ある人との出会いがあった。所属ジム会長の山下正人だ。

「会長がいなければ、今日の自分はありません」

警察官だった山下は、体力作りと護身のためジムに通っていた。その山下が、一人で黙々と練習する長谷川の姿に心を打たれ、いつしか練習相手となるのである。

気が付くと、ボクシング素人だった山下は長谷川の専属のトレーナーとなり、二人三脚で世界を目指すことになった。

「自分が一〇〇％信頼している人が、そばにいてくれることが大きかったですね。練習方法や試合の戦略などを研究してくれて、いろいろなアドバイスをくれました。試合前には必ず手紙をくれましたね。何でも話せるし、何でも聞ける。そういう人がトレーナーになって、僕のボクシングは変わりました」

山下は警察を辞め、長谷川のために「真正ボクシングジム」を設立する。

長谷川は、ともに人生を歩むことを決意した人の期待に応えようと、練習を続けた。五回の防衛戦勝利も、二階級制覇も、王者陥落からのチャレンジも、心は常に山下とともにあった。

信頼するパートナーを得てトレーニングに邁進《まいしん》する長谷川は、ハードワークで身心を作り上げた。しかし、「いつか負けるのではないか」という不安は、どんな時も心の片隅にあった。

「負けたら自分から去っていく人がたくさんいるだろう。それを思うととても怖かったです。勝ち続けることは本当に難しい。勝って当たり前だと見られるのはしんどいものでした。練習してその不安を打ち消すためには練習するしかありませんでした」

長谷川は打たれないボクサーだ。パンチを受けずに、一瞬で試合を決めてしまうことで観衆を魅了した。

「僕は、相手に打たれない練習を徹底的にやっていました。格闘技とはいえ、ボクシングはスポーツです。だからこそ、ケガをしないことが最重要。きれいな顔のまま試合を終えるのが、ボクシングの醍醐味《だいごみ》だと思っていました」

内に秘めた恐れこそ、勝利への起爆剤になる

体へのダメージを最小限にするボクシング。それが長谷川の主題でもあった。

「観る側にとっては、ディフェンス重視の試合は退屈かもしれません。派手に打ち合って、ノックアウトシーンを期待する人も多いでしょう。でも、どれだけお客さんに『つまらない』と言われても、いらないパンチは一つも受けないほうがいいんです。そして、できるだけ早く倒す。すべては勝ちに徹するためのボクシングでした」

長谷川が打たれずに勝つことを求めたのは、消し去れない恐怖のためでもあった。

「要は、僕がビビリだからなんです。強烈なパンチをもらうのは怖いし、痛みにもビビっていました。でもビビリな人間ほど、逆に強いんじゃないかと思う。僕だって、打たれないために必死になりましたからね」

内に秘めた恐れこそ、勝利への起爆剤になる。

ボクサーが避けて通れないもう一つの試練に減量がある。バンタム級時代の長谷川は試合前に一気に一一キロも体重を落としていた。

「ボクサーの減量だけは普通の人にはできないと思います。どんなものかは、やってみないと分からないでしょうね。ただ痩《や》せればいいだけじゃない。体重を一〇キログラム以上も落として、それで三分一二ラウンドを戦うわけですから」

だが、この減量の先にしか「リング」がない。そのことを知っているボクサーは、減量の苦しみを容易に耐えることができる。

「減量に失敗するなんてボクサーの恥です。リングで闘う最低の条件ですからね。苦しさなんて我慢できる。日本人の世界王者は、過去に一人も減量に失敗していませんよ」

ボクシングとともに生きていた長谷川は、時には、その対極にある穏やかな時間にも憧れていた。

「ボクシングが好きなんです。仕事ですが、趣味でもある。だから目標は、一日でも長く続けること、でした。でもその後は、暖かい土地に移り住んで、のんびり暮らしたいと思います」

現役選手であれば、必ず引退の日はやってくる。

「永遠にボクシング選手でいられないことは、自分が一番分かっています」

◉F1

小林可夢偉

PROFILE Kamui Kobayashi

1986年　兵庫県尼崎市に生まれる。9歳でレーシングカートを始める
2001年　全日本カート選手権シリーズ優勝。フォーミュラトヨタ・レーシングスクール受講。スカラシップ生として渡欧
2005年　フォーミュラ・ルノーユーロ選手権シリーズ優勝
2006年　F3ユーロシリーズ参戦
2008年　GP2シリーズ参戦。「パナソニック・トヨタ・レーシング」のサードドライバーとなる
2009年　F1第16戦ブラジルGP（9位）、第17戦アブダビGP（6位）に参戦
2010年　「BMWザウバーF1チーム」からF1にフル参戦（入賞8度、年間12位）
2011年　「ザウバーF1チーム」からF1にフル参戦（入賞9度、年間12位）。6戦連続入賞（第2戦〜第7戦）を果たす。日本人獲得ポイント記録と、日本人連続入賞記録を更新

朗らかなるリアリスト

命を懸《か》けるモータースポーツに挑みながら、小林可夢偉には悲壮感がなくその表情はとても楽しげだ。朗らかな語り口とレースを戦うことの喜びが込められた弾む声は、F1というスポーツにつきまとう悲劇性を払拭《ふっしょく》してしまう。しかし、それは彼がサーキットにある現実を冷静な目で直視していることの証《あかし》でもある。マシンのテクノロジーと自己の能力の可能性とを計り、勝利のためにできることをただひたすら行なうのだ。最速を夢見た少年は、勝利を手にするため、スピードを操るリアリストとなって世界を転戦する。

F1は実力だけではたどり着けない場所

F1マシンを操れる者は、世界でも二〇名を数えるだけだ。これは現役の宇宙飛行士より遥かに少ない数である。そのシートに座る日本人が小林可夢偉だ。

二〇〇九年にトヨタF1チームでデビューを飾り、二〇一〇年以後スイスの「BMWザウバーF1チーム」（二〇一一年から「ザウバーF1チーム」に名称変更）で闘う小林自身がここに至るまでには紆余《うよ》曲折《きょくせつ》があった。小林は「走りを極めるためのチャレンジに加え、人智の及ばぬ運もあった」という。

「ＧＰ２シリーズやＦ３など、Ｆ１の下に位置するレースは、実力次第で出場できます。でもＦ１は、たとえ実力があっても運やタイミングが揃わなければ出られない。自分だけの力では絶対にたどり着けない場所なんです。だから、全力を尽くした後はチャンスを信じて待つしかありませんでした」

そのチャンスが巡ってきたのが、二〇〇九年十月二日に開幕したＦ１第一五戦日本グランプリ。トヨタＦ１チームのレギュラードライバーであるティモ・グロックが突然の体調不良により金曜日のフリー走行（公式練習）を欠場したため、リザーブドライバーであった小林がその代役として出走した。

「自分が出ることを当日の朝に言い渡されたんですが、正直、まったく準備ができていなかったんですよ。運転する車も、シーズン前にテスト走行で乗っただけでした。実際は、その時とはパーツも別物で、ほとんど初めて運転するような状態でしたから。まさに、ぶっつけ本番です。おまけに雨が降っていてコンディションも悪かった。心の中じゃ、『もしかしたら、Ｆ１を走るのはこれが最初で最後かもしれない』とまで思っていました」

翌日は、体調が回復したグロックがサーキットに戻ったが、その公式予選走行中にクラッシュして脊椎《せきつい》を損傷、以後のグランプリへの欠場が決まり、またも小林に走行のチャンスが訪れた。

「十月十八日の第一六戦、ブラジルグランプリがF1デビュー戦になりました」

日本人としては一八人目のF1ドライバーとなった小林。ブラジルグランプリでは、そのシーズンにチャンピオンとなったジェンソン・バトンと激しい攻防を見せた。バトンを一八周にわたり抑えてスタンドを沸かせた小林は、一時は三位までポジションを上げ、初めてのレースを九位で完走したのだった。

続くアブダビグランプリにも出場し、再びバトンをリードする走りを見せる。一時三位を走行した小林は、二度目のF1レースで六位入賞を果たしてしまうのである。

「突然の出走で、無我夢中でしたが、ブラジルでもアブダビでも自分らしい走りはできたと思います。でも、運も良かったんですよ。リザーブドライバーだった僕を信じてくれたチームと応援してくれた皆さんに、ただ感謝していました」

この二戦の活躍で、小林は翌シーズンのトヨタF1チームの正ドライバーの座を確かなものとした。しかし、そのアブダビグランプリの三日後、トヨタは企業の経済状況を鑑《かんが》み、F1から全面撤退することを発表したのである。小林がF1ドライバーであるためには、他チームにシートを求める以外なかった。

「時代の流れに左右されるスポーツであることは確かです。トヨタの撤退は仕方のないことでした。僕自身は、F1で二戦走れただけでもラッキーなんだと考えていました」

そう冷静に受け止めていた小林は、あの二戦の走りを見ていたザウバーから、正ドライバーのオファーを受けることになる。ジャパンマネーを持ち込まず、実力でシートを獲得したのだった。

「その点は、すごく嬉しかったです。でも逆に言えば、結果がダメならすぐに切られてしまうということでもある。トヨタのチームでは、コミュニケーションやプライドの面でも日本人の僕に有利な部分があったと思うんです。けれど、ザウバーでは何のアドバンテージもありません。完全にゼロからのスタート。その中でどう闘っていこうか、すごく考えましたね。常々言っていることですが、どんな状況でも結果を出すしかないんです。いくら言い訳しても、負ければ次はありません。敗北の事実は未来を閉ざすだけ。結局、すべては自分の責任なんですよ」

一戦一戦に未来を賭けた小林は、この瞬間もＦ１のステージで闘い続けている。

車の持つ力を一〇〇％出すために、何をすべきか

兵庫県の尼崎市に生まれた小林は、少年になる頃には周囲に知られた存在だった。

「やんちゃな子供時代を過ごしていました。両親にはずいぶん迷惑をかけましたね」

車に興味を持ったのは、九歳の時。たまたまテレビでレーシングカートを見て、乗ってみた

いと思った。すぐに「連れていって」と父に頼んだ。

「面白かったですね。でも初めての時は、コーナーを曲がり切れずにクラッシュしてしまいました。アクセル全開で曲がれると思っていたんです。実際のカートと、テレビゲームのカートが頭の中で一緒になっていました」

　カートを始めた小林は間もなく才能を発揮する。十四歳で全日本ジュニア、十五歳で全日本選手権を制覇。その実績を受けて、トップレーサーを養成する「フォーミュラトヨタ・レーシングスクール」を受講した。だが、当の本人はプロへの階段を上り始めた自覚がまったくなかった。

「スクールでは、不真面目で生意気で態度が悪いと、そんなことばかり言われました。確かに社会の常識に疎《うと》かった。自分の言動を反省して改めるまで、一年ぐらいかかりましたよ」

　態度ばかりではなくドライビングでも伸び悩んでいた。カートから四輪（フォーミュラカー）に移ると、まったく勝てなくなってしまったのだ。

「僕は四輪に乗って、初めてサスペンションの存在を知ったんですよ。カートにはないですから、どんな乗り方をすればいいのか全然分からなかった。負け続けて初めて、『車を自分のものにするにはどうすべきか』を考えるようになりました。車って、どんなに頑張ってもドライバーがその性能を超えることはできないんです。そのことに気付いてからは、車の持つ力を一

○○％出すために全力を尽くすようになりました」
自動車という巨大なテクノロジーを学び、自分のものにしていくことが大事なのだと理解すると、走りが一変する。やがて、スクールでスカラシップ（奨学金）を獲得し、弱冠十七歳で欧州へ渡った。イタリアでの一人暮らしが始まった。

「行ったところが田園風景の広がる田舎だったんです。夜になるとあたりは真っ暗。友達もいないし、移動手段もない。家とチームを往復するだけの毎日でした。あれは寂しくて、辛かったですね」

言葉での苦労も絶えなかった。

「イタリアの後はフランスで暮らしたんですが、フランス語はイタリア語以上に難しい。なぜか、クリーニング屋さんでシャツがなくなった時に『おまえが悪い』と、僕のせいになったんです。身に覚えのないことを言われても反論できなくて、悔しい思いもしました。でも、そういう経験を重ねて、カッとなりやすい性格が変わっていきました。気持ちを抑え、事態を受け止めて、それでも穏やかでいることを覚えたんです」

レースに勝って、車文化を盛り上げたい

渡欧して四年後には、フォーミュラ・ルノーユーロ選手権に優勝するなど、小林は着実にス

テップアップを遂げた。常人が知り得ないスピードの世界で、命のリスクを負いながらも勝利を求めていく生活。それは、小林自身が求めてやまなかったものだ。

「レースでの一瞬一瞬ですが、車の能力を最大限に使い切るには何が必要か、何をしなければならないかという戦略しか考えていません。とにかく、車をいかに速く前へ出すか、そのことに全神経を使っていますね。最後のチェッカーを受けたときに、どれだけ前へ出ているか。単純に言って、それが僕の仕事ですから」

だからこそ、並外れた精神統一が求められる。

「よく集中力と言いますが、言葉で意識するものではないと思うんです。状況を把握したり戦略を考えたりしていれば、自然とその世界に入っていける。集中することは大事ですが、そうした言葉に縛られたくないですね。冷静でなければ、レースは闘えません。スタートしたら戻れませんし、ほんの一秒の間にすべてが変わることがあります。だからこそ、その場その場の判断が大切になってくるんです。時には、限界を知ることも必要です。夢を追うだけじゃ、結果を出し続けることはできませんから」

小林の活躍こそが、日本のモータースポーツの人気を支えている。

「車ってもともと日本人の夢の原動力だったと思うんですよ。『あの車を買いたいから、一生懸命働こう』と思えた時代があった。僕は、もう一度車がそんなふうに人の心を動かす存在になればいいなと思っているんです。そのためにもレースに勝って、車文化を盛り上げたいです。多くの人に、ぜひサーキットに足を運んで、実際にレースを見てほしいですね。本当に迫力があり、心を鷲《わし》掴みにされますよ」

小林は、Ｆ１のレースで世界を転戦するだけでは飽き足らない。

「将来はもっといい車、速い車に乗りたいです。そこに到達するためには、着実に成績を残していくしかないと思っています」

第 5 章

涙を乗り越えて

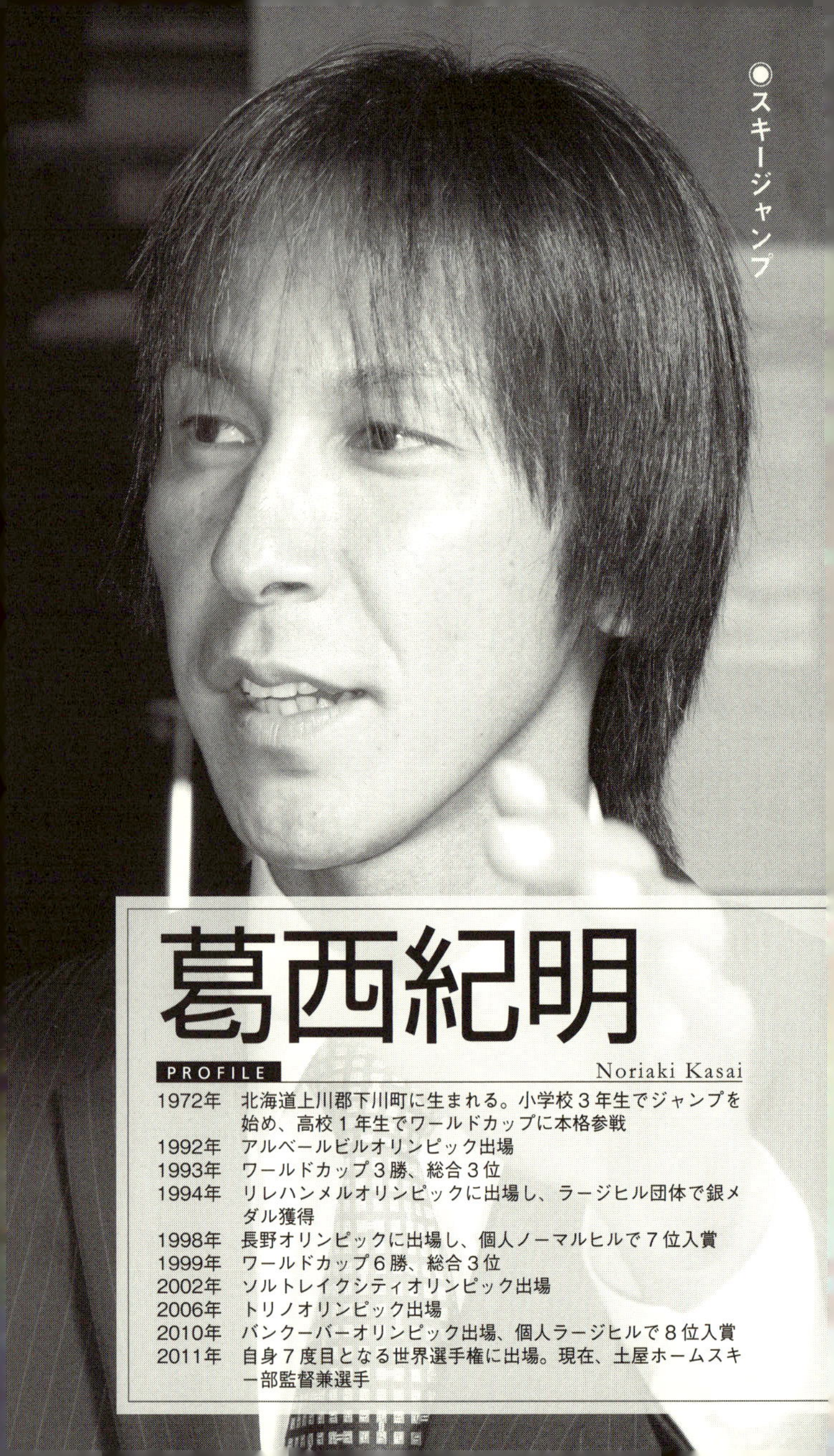

◉スキージャンプ

葛西紀明

PROFILE　Noriaki Kasai

1972年　北海道上川郡下川町に生まれる。小学校３年生でジャンプを始め、高校１年生でワールドカップに本格参戦
1992年　アルベールビルオリンピック出場
1993年　ワールドカップ３勝、総合３位
1994年　リレハンメルオリンピックに出場し、ラージヒル団体で銀メダル獲得
1998年　長野オリンピックに出場し、個人ノーマルヒルで７位入賞
1999年　ワールドカップ６勝、総合３位
2002年　ソルトレイクシティオリンピック出場
2006年　トリノオリンピック出場
2010年　バンクーバーオリンピック出場、個人ラージヒルで８位入賞
2011年　自身７度目となる世界選手権に出場。現在、土屋ホームスキー部監督兼選手

勝利を求め続ける力

地上一四〇メートルものジャンプ台から一気に滑り降り、およそ時速九〇キロメートルで空に飛び出していくこの特異なスポーツは、誰もが目指し、極められるものではない。スキージャンプに出合う運命と、恐怖や自然、そしてライバルたちとたった一人で向き合う途轍もない勇気が不可欠だ。選ばれし者である葛西紀明の心をジャンプに誘うのは、華やかな勝利の余韻ではなく、敗戦の苦い記憶である。彼の心の中心にある悔恨の念は、その対極にある勝つことの喜びを求め続ける強い力となっている。

オリンピックで金メダルを獲るのに必要なもの

二〇一〇年に行なわれたバンクーバーオリンピックでは、一四〇メートルの大ジャンプを見せた葛西紀明。六度目となるオリンピックで、個人ラージヒルで日本人最高の八位入賞を果たしたベテランは、ジャンプを終えた直後に、すがすがしい表情で「四年後のソチオリンピックも目指します」と語った。

「オリンピックの金メダルは一番の目標ですし、競技を続ける上で、最高の原動力なんです。まだ手が届いていない以上、やめるわけにはいかない。とにかく僕は負けず嫌いなんですよ。

やはりオリンピックで勝たないと、世界一になった気がしないんです」

葛西にとって、オリンピック以上の大会はない。

「十九歳で初めて出場したアルベールビルオリンピック（一九九二年）は、その舞台の大きさに圧倒されました。ちょうどジャンプの板のスタイルが、従来の平行型からV字型に変わる年だったのですが、緊張のあまり、飛んだ瞬間にV字に開くのも忘れて、そのまま終わってしまったんです」

次の一九九四年のリレハンメルオリンピックでは、ラージヒル団体で惜しくも銀メダル。そして一九九八年の長野オリンピックでは、日本勢は歴史に残る団体金メダルを獲得する。ところが葛西は、長野オリンピックの代表五名に選ばれながら、ただ一人、団体戦メンバーに選ばれなかった。

「長野のことは、いつも思い出します。あの悔しさは、一時も忘れることがありませんから。決勝の一本目のジャンプは、会場まで行く気になれず、ホテルのテレビで観ていました。二本目の時は会場に行ったのですが、日本が金メダルを獲って、飛んだ四人の選手もスタッフも皆泣いて喜んでいるのに、正直、僕は悔し涙を流していました。実力以上の何かが必要なのが、オリンピックなのだと思います」

実力以上の何か。その付加価値がなければ金メダルを手中にすることはできない。葛西はそのことを胸に刻んだ。

「バンクーバーで二つの金メダルを獲ったスイスのシモン・アマンは、身体能力は決して高くないんですよ。仲がいいので、海外の合宿の時にバレーボールなどの球技で遊ぶんですが、全然うまくない。パワーも跳躍力も、僕のほうが上なのに、でも大会では勝てませんでした」

ジャンプは非常に繊細な競技だ。常に風の影響を受けるし、一つ間違えば大ケガをしてしまう。命の際《きわ》に立つスポーツには、並外れた緊張と集中が要求される。

「踏み切り台から飛び出すゼロコンマ何秒という一瞬に、タイミング・方向・パワーのすべてを完璧に合わせなければいけません。もちろん、風も考慮して。ゴルフと一緒で、ただ力を入れても飛距離は伸びないんです。その点、アマンは力の抜き方が断然うまかったですね」

母と妹の苦しみを思えば、骨折もスランプもちっぽけな悩み

二〇〇二年、ソルトレイクシティオリンピックでは、葛西はこの競技の難しさを改めて実感したという。

「長野の悔しさをバネに、四年間血を吐くようなトレーニングをしました。競技人生の中では、体力的には一番充実していたんです。しかし結果は個人戦で四〇位台と、今までのオリンピックで最も悪い成績でした。大会本番では、体がキレ過ぎて、意識とうまく嚙み合ってくれ

なかったんです。普通のドライバーが、いきなりフェラーリに乗っちゃった感じで、全然コントロールが利かなくなってしまいました」

身体性を極限まで鍛えたゆえに、それをコントロールできず自滅した。努力が実を結ばなかった事実に、葛西は落胆した。

「それまでは、練習も本番も、自分のやり方に自信を持っていました。でも、そこでどん底を体験して、初めてコーチや他の人の意見を聞けるようになりました。自分のジャンプを一から見直す機会になったんです」

惨めなどん底もまた、必要な経験だった。

六度出場したオリンピックには、深遠なドラマがあった。しかし、彼の家族に訪れた試練に比べれば、オリンピックでの出来事は容易なものとさえ思えた。

リレハンメルオリンピックの前年には、いつも応援してくれていた妹が重い病気になり闘病生活を送ることになった。働きながら入退院を繰り返す妹を看病していた母は、一九九七年に火事で重度の熱傷を負い、闘病するも治癒することなくこの世を去ってしまった。

「妹は再生不良性貧血という難病で、入院と手術の繰り返しでした。母のことは本当に不運でした。火事で全身に大やけどを負いながらも、最後の最後まで一生懸命生きてくれました。母は、病院のベッドの上で痛みをこらえながら日記を書いていたんです。僕もこれまで何度も骨折をしたし、長いスランプも経験しましたが、二人の苦しみに比べたら、ちっぽけなものです。母と妹のためにと思うと頑張れた。あきらめずにやってこられたのも、二人のおかげです」

葛西は母の日記を一度だけ読んだことがある。

「最後の力を振り絞るような震える文字で綴《つづ》られていて、途中から涙で読めませんでした。いつか自分が本当に苦しい時、もう一度読みたいと思っています」

寝る間も惜しんで働き、ジャンプを続けさせてくれた母の日記は、葛西が選手生活を送るための糧であり、宝だ。

敗者であったからこそ、選手を続けてきた

葛西が生まれ育ったのは北海道の上川郡下川町。ジャンプを始めたのは小学校三年生の時だった。

「下川町は伝統的にジャンプが盛んなところで、僕も遊びの延長で自然にやるようになりました。二つ年が上の岡部孝信さんとは、保育園も同じだった幼馴染《おさなな じ》みなんです。うちは貧しかったので、スキージャンプの用具が買えず、岡部さんが自分の道具を一式、僕に貸してくれたんですよ」

初めてジャンプを飛んだ時のことは、今でもはっきりと覚えている。

「ちょうどジェットコースターの急降下の時ような、体がふわっと浮かぶ感覚でした。それで気付けば着地をしていた。もちろん怖かったです。でも、そのドキドキ感は、『次はどこまで飛べるんだろう』『今度はあそこまで行ってみたい』というワクワク感に変わっていきました。それが面白くてやめられなくなったんです。今も子供の頃と同じ気持ちで、『次はどこまで飛べるのだろう』という高揚感を持ち続けていますよ」

高校生になるとワールドカップにも出場し、存在感を増していった葛西。

やがて、世界中の人が彼のジャンプに魅了されていった。スキー板の間からグッと頭が出る前傾フォームに海外のカメラマンたちは、こぞってシャッターを切った。ウインタースポーツが盛んな欧州では、ジャーナリストたちが葛西への尊敬の念を隠さない。

「欧州やカナダに行くと、僕のジャンプについて解説してくれるジャーナリストがいますし、多くのファンがサインを求めて僕を待っているんです。こんなに嬉しいことはないですね」

葛西自身、当初からここまで長く現役を続けられる計画を立てていたわけではなかった。

「原田雅彦さんも三十七歳まで続けたし、岡部さんは二〇〇九年のワールドカップで優勝しました」

スポーツ科学が進化したことで、選手の寿命も延びている。その科学の力に加え、葛西を支えているのは金メダル獲得への強い信念だ。

「僕もまだまだいけるぞ、と思っています。長野で手にすることができなかった金メダルが欲しいですから」

高校生の時から世界を転戦してきた葛西にとって闘いは日常だ。そうした生活の中でかけがえのない友情も育んだ。

「アホネンやマリシュからは、僕のジャンプに憧れたと言ってもらいました。特にマリシュは、僕の言葉を真摯《しんし》に受け止めてくれます。バンクーバーオリンピックの最終日の夜に、彼とコテージで飲んでいたんですよ。彼から『ノリアキは四年後どうするんだ』と聞かれて、僕は『もちろん俺はソチに行くつもりだよ』と答えた。すると、彼は『じゃあ、俺も』って。また闘うことを約束しました」

葛西が現役ジャンパーである理由は、未だ「敗者」であるからだ。

「負けたからこそ、競技をやめなかった。早々に金メダルを獲っていたら早々に引退を考えていたかもしれません。おかげで、海外の選手たちともいい関係が作れたし、多くの勝負の場も経験できました。今は、ジャンプができることが幸せです。これまで金メダルを獲れなかったのは『お前にはまだ早いよ』という天からのメッセージなのかもしれない。今はそう考えています」

白鵬 翔

PROFILE
Sho Hakuho

1985年　モンゴル国ウランバートル市に生まれる（本名ムンフバト・ダヴァジャルガル）
2000年　初来日。宮城野部屋入門
2001年　三月場所にて初土俵
2004年　一月場所にて十両昇進。五月場所にて史上４番目19歳１カ月の若さで新入幕
2006年　五月場所にて大関昇進。初優勝
2007年　五月場所にて全勝優勝を果たし、第69代横綱に

勝敗を超えた先に

目を見張るのは、白鵬関の蹲踞《そんきょ》の美しさだ。巨体だが微動だにしない姿勢に、相手をなぎ倒す荒々しさと対極にある神聖さすら感じられる。六九代の横綱が「動」と「静」の心をパーフェクトなバランスで併せ持っていることが分かる。稽古に邁進《まいしん》し、謙虚さを忘れず、礼節を重んじる姿は、もはや日本人にとっての憧れだ。その白鵬の原点は、父への憧憬とその血を受け継いだ者としての誇りである。モンゴルの横綱の息子である自分は、母国へ逃げ帰ることが許されない。その途轍もない責任感が、希代の横綱を作り上げた。勝敗を超えた「美しい相撲」を見せる人の心には、逃げずに立ち向かう意志がはっきりと刻まれている。

力士になる気持ちなど微塵《みじん》もなかった

東京都墨田区にある宮城野部屋の朝稽古。横綱白鵬は自ら若い衆に胸を出していた。白鵬はこの部屋唯一の関取である。

「若い力士には、特にぶつかり稽古が大事なんです。ぶつかって、土俵の隅から隅まで全力で押す。力をすべて出し切ることで、持久力やスタミナがつきます」

ぶつかり稽古とは、仕切りの体勢から、相手にぶつかって押す稽古だ。立ち合い、当たりなど一連の動作を総合的に習得するためのものだが、最後には土俵に投げられる。土俵からなかなか立ち上がれない若い力士に、白鵬は「もういっちょ」と短く声を浴びせ、また胸を出した。

「今日はまだ序の口です。本当は、辛くて涙が出るぐらいまでやらないとダメなんですよ。土俵に這《は》いつくばって、それでも『立て！』と怒鳴られないと底力が出ない。とことん追い詰められてから、『何くそ！』と奮起して、またぶつかっていくことが大事なんです。その苦しみを乗り越えた自信が、力士を強くするんですよ」

白鵬自身も、同じように厳しい稽古を積み重ねてきた。

「入門当時は、毎日泣いていました」

わずか十五歳で、モンゴルから日本にやってきた。今でこそ、身長一九二センチ、体重一五一キロの大きな体躯だが、相撲界に飛び込んだ当時は身長が一七五センチ、体重は六二キロしかなかった。

「最初は痩せていて、相撲の稽古に耐えられませんでした。なので、他の若い衆と一緒には稽古をさせてもらえなかったんです。とにかく、まず太れと言われて。吐くほど食べて、牛乳で流し込むようにしてまた食べる。満腹の状態で寝るから、身動き一つもしなかったらしいです。ちゃんと息をしているかと、先輩が心配し、よく揺り動かして起こしてくれました。でも、そのおかげで三カ月後の新弟子検査には、体重が八〇キロになっていました」

モンゴルの少年が、そこまでして日本で相撲を取りたかったのはなぜなのか。

「やはり、父の存在が大きかったと思います」

白鵬の父は、モンゴルでは誰からも尊敬される国民的英雄だ。モンゴル相撲の大横綱であり、メキシコオリンピック（一九六八年）のレスリング銀メダリストでもある。そんな強い父親に息子は心から憧れていた。

「子供の頃はバスケットボールをやっていました。将来は父のようにレスリングでオリンピックに出るのが夢でした。モンゴル相撲の子供大会に参加したこともあります。バスケも相撲もけっこう強かったんですよ。何しろ負けず嫌い。やはり父に恥をかかせるわけにはいかないと思ったから頑張りました。その思いは今も変わりません」

父を仰ぎ見ていた白鵬は、父の誇りのためにも横綱になりたかった。

ところが、素顔は両親に甘える末っ子そのものだった。

「私は五人兄弟の末っ子で、いつも両親のそばにいました。恥ずかしいけれど、日本に来るまでは、両親と一緒に一つの部屋で川の字で寝ていたんです」

そんな甘えん坊の男の子が、二〇〇〇年十月、親元を離れて日本へ旅立つ。他にも六人の若者が一緒だった。

「同じモンゴル出身の力士、旭鷲山《きよくしゆうざん》関の紹介があって、大阪の実業団、摂津倉庫の相撲部で稽古をすることになりました。旭鷲山関は父のモンゴル相撲の教え子でもあって、私にとっては本当に兄のような存在でもありましたから、喜んで参加したんですよ」

旭鷲山は、自らが橋渡し役になり、日本の相撲部屋への入門を望む少年たちを集めたのだった。だが、その中で、白鵬だけは、力士になる気持ちなど微塵もなかった。

「高校一年生だった私は観光気分で、『いい機会だから、日本へ行ってみよう』という軽い気持ちだったんです。初めての海外旅行ができると喜んでいましたよ」

闘志に火がついた瞬間

摂津倉庫の相撲部で稽古に参加した白鵬以外のモンゴルの少年たちは、日本に残ることになった。相撲部屋に入り、新弟子検査を受けるためだ。

「私たちの練習を見に来た親方たちが、これはという子供をスカウトしていったんです。結局、私だけがどこの部屋からも声がかからなかった。その時に初めて、悔しさが込み上げてきたんですよ。『このままモンゴルに帰っては、父の顔に泥を塗《ぬ》ることになる』と思い、途方に暮れました。モンゴル相撲の横綱の息子だけがスカウトされなかったと言われてしまえば、父の名誉を傷つけることになりますからね」

思い悩んだ白鵬は、兄のように慕っていた旭鷲山にその思いを告げた。

「泣きながら『このままでは帰れない』と言いました。すると、旭鷲山関が宮城野親方に、なんとか私を引き取ってくれないかと相談してくれたんです」

二〇〇〇年十二月二十二日、旭鷲山から電話で相談を受けた宮城野親方は、即座に断ることをしなかった。

「親方は、旭鷲山関に私の背の高さと手足の長さを聞いたそうです。旭鷲山関は『痩せているけれど、背はまあまあ高いし、手も足もお尻も大きいです』と告げてくれたそうです」

そして、もう明日は帰国だというクリスマスの夜、白鵬のいた宿舎の電話が鳴った。

「お土産も買って荷造りしていたときに、宮城野親方から『うちに来るか』と、電話をもらいました。嬉しかったです。ホームシックにかかりながらも、その一本の電話で、自分は日本で力士になるんだと決意していました」

旭鷲山から依頼を受けた宮城野親方は、白鵬に会わぬまま入門を引き受けていた。モンゴル相撲の横綱の息子だという事実も知らなかった。

「実際会っていたら、誘われなかったと思います。当時の私はヒョロヒョロで、とても内気でしたから」

観光をしようと軽い気持ちで日本に来た少年は、すぐにでも両親の待つウランバートルに帰りたい気持ちを抱えながら、それでも日本に留まった。それはなぜなのか。

「自分でも不思議に思います。あのまま帰って、モンゴルで生活しても誰からも責められることはなかったでしょう。でも、瞬間的に思ったんですね。父の誇りを守ることも自分の役目だ、と。そして、私を思ってくれた旭鷲山関と、私のような痩せた子供を受け入れてくださった宮城野親方のために、『先にスカウトされた六人より絶対強くなって、恩返ししたい』と考えていました」

やがて横綱となる白鵬の闘志に、火がついた瞬間だった。

「あの日のあの数時間で、運命がガラリと変わりました。以後、『絶対強くなる』という決意は、脳裏から離れたことがありません」

二〇〇一年三月場所で初土俵を踏み、二〇〇四年一月場所で十両へ昇進。五月場所で史上四番目十九歳一カ月の若さで新入幕を果たした。

そして、その強さが証明されたのが、二〇〇四年の九州場所だった。当時、横綱昇進がかかっていた魁皇《かいおう》を破り、翌日、横綱朝青龍《あさしょうりゅう》に勝って初金星をあげたのだ。

「朝青龍関とのあの一番は、本当に無我夢中でした。勝った自分も『何が起きたんだ』という感じでしたよ」

横綱に昇りつめた先にあるもの

当時、白鵬は十九歳。一日一日、一番一番、面白いように力をつけていった。

「それは自分でも分かっていました。朝起きるたびに強くなっていると実感できた。日々気持ちが充実し、疲れもまったく感じなかった」

二〇〇六年五月場所で大関に昇進し初優勝を飾る。しかし、一直線に頂上へと駆け上がれたわけではなかった。番付が上がった後、自らの相撲を見失い、苦しんだ時期もあった。

「番付が上へ行けば行くほど、壁にぶち当たりました。横綱昇進を目指しながらも、自分の不注意で稽古中に足の指を亀裂骨折し、一場所休場してしまったこともある。あの頃は、なかなか昇進が決まらず、気持ちもザラザラして集中力に欠けていました。でも、ケガをしたときに腹をくくれたんです。とにかく、土俵の上で自分の力を出し切るしかないんだ、と」

気持ちを吹っ切ると、集中力が増していった。

「無駄な緊張感が消えたというんでしょうか。稽古したままの相撲を取れば良いと考えられました。すると、面白いことに取組が楽しいと思えるようになったんですよ」

苦境を乗り越え、二〇〇七年五月場所では全勝優勝を果たし、第六九代横綱の地位に就いた。

横綱は、力士の頂点であり、もうその先はない。負けることが許されない責任の重さは「なった者でなければ分からない」と言われている。

「まさに、山を乗り越えたら、さらに大きな山があったという感じでした」

横綱の責任は重い。けれど、その重さにとらわれ過ぎてはいけないと、白鵬は考えている。

「時々、実力はあるのに昇進したとたんに負ける力士がいます。勝負は、ちょっとした心のありようで変わってしまうんですよ。ただムキになって一〇〇%の力でぶつかるだけではダメです。逆に受け身になって引き過ぎてもダメ」

そのバランスが重要なのだ。

「『後《ご》の先《せん》』という言葉があります。立ち合いで、相手より遅れて立ちながら、組んだ時には先手をとる、相手を受け止めつつ攻撃する、という意味ですが、この微妙なバランスが勝敗を分けていく。もちろん、『後の先』を簡単には会得することはできませんが」

土俵での取組に沸く者は、力のある者がすなわち勝者だと思う。けれど、相撲はパワーだけでは決して勝てない。

「限界の力を相手力士にぶつければ勝てると思ってしまう。でも違うんですね。つくづく相撲は奥が深い。今、私は『勝とう』とは思わず、『よい相撲』をとることだけを考えています」

無心になって、ただ「よい相撲」を

横綱白鵬にとってよい相撲とはどのような相撲か。

「流れのある相撲です。そして、土俵に立ったら無心になること。『どう闘おう』と頭で考えるのではなく、体が自然に動くままに任せる。流れるように自然に動いて取った相撲は、後で観ても美しいんですよ。そういう相撲を取るためには、日々稽古を積み重ねて、体で覚えていくしかありません」

勝負は、稽古の段階からすでに始まっている。

「稽古がすべてで、結果は後からついてくるもの。私は、実際あまり力は強くないんです。ただ力のバランス配分や体の使い方を身につけた。それも稽古で身につけたものです」

だからこそ、力だけでない柔軟な身体性が必要になる。

「私は体が柔らかいです。硬い筋肉は作らないほうがいいと思っているんです。ある親方が、『現役時代に二〇〇キロのベンチプレスを上げていたが、実はそうした筋肉は、相撲にはあまり必要なかった』とおっしゃっていました。筋肉が硬いと、耐久力が失われるし、バネがなくなってしまう。ケガもしやすいです。必要なのは、芯に力のある筋肉。やはり基本は、四股《しこ》、すり足、鉄砲ですよ」

横綱という地位に昇りつめても、日々地道な努力を怠らない。稽古に加え、相撲をビデオで観て、日々熱心に研究する。

「幼い頃から父の背中を見て育ちました。だからでしょうか、偉大な先輩の相撲を観るのも話を聞くのも大好きなんです。必ず学ぶことがありますから。特に、横綱双葉山関《ふたばやまぜき》の相撲に魅せられています。毎日DVDを観ているので、映像で残っている双葉山関のすべての相撲を覚えていますよ」

その立ち姿、蹲踞、取組に至るまで白鵬は、双葉山を踏襲《とうしゅう》している。

「映像の観過ぎかもしれませんが、双葉山関に似ていると言われると、嬉しいです」

白鵬は相撲をハレの場のものだとは、考えていない。

「相撲は、仕事であって、人生でもある。私の生きる道です。ですから、目標は、年間九十日、すべての場所のすべての取組に出場すること。そして、できるだけ長く現役でいたいと思っています」

第6章

家族・仲間の支え

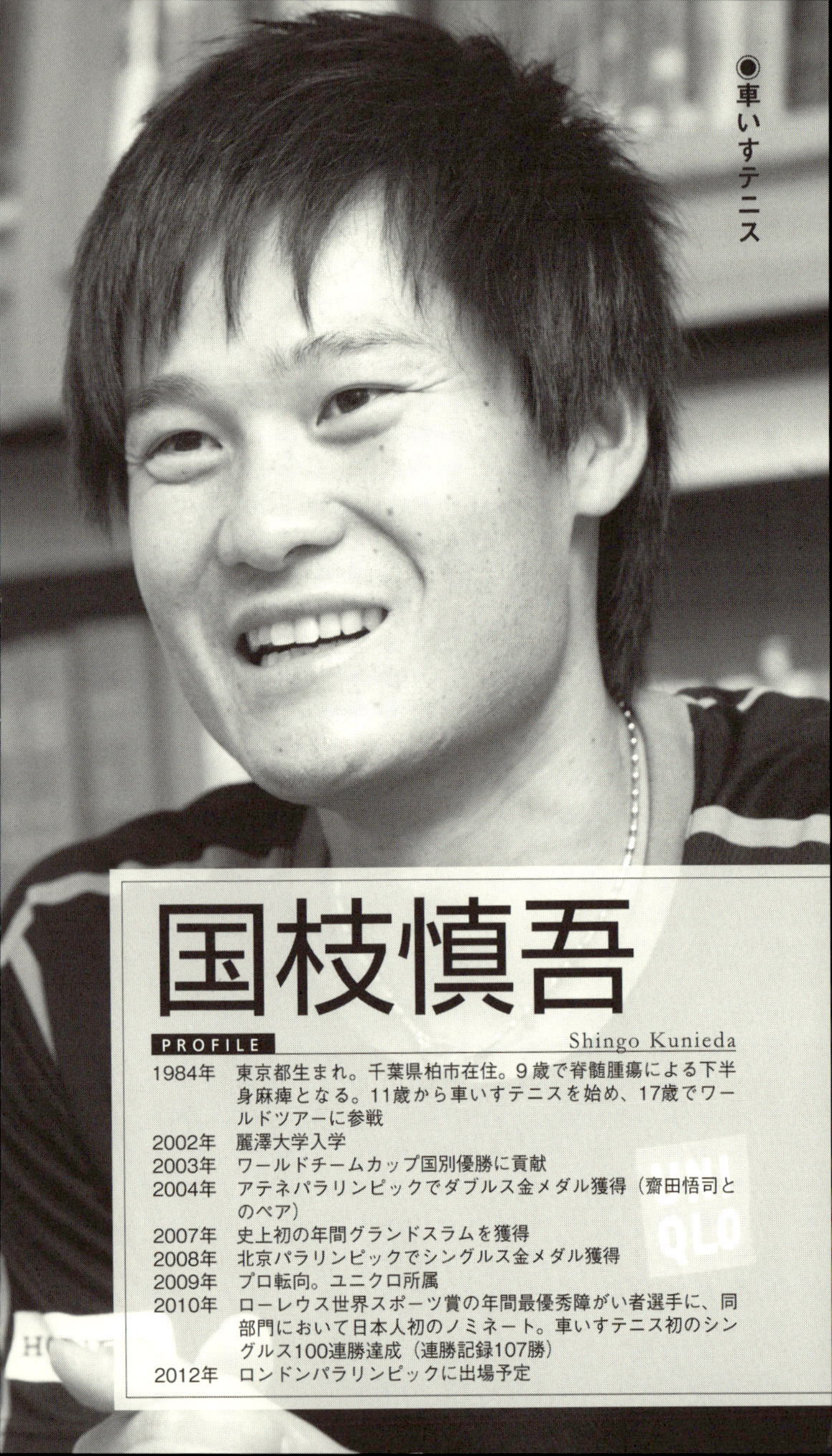

国枝慎吾

PROFILE　Shingo Kunieda

1984年	東京都生まれ。千葉県柏市在住。9歳で脊髄腫瘍による下半身麻痺となる。11歳から車いすテニスを始め、17歳でワールドツアーに参戦
2002年	麗澤大学入学
2003年	ワールドチームカップ国別優勝に貢献
2004年	アテネパラリンピックでダブルス金メダル獲得（齋田悟司とのペア）
2007年	史上初の年間グランドスラムを獲得
2008年	北京パラリンピックでシングルス金メダル獲得
2009年	プロ転向。ユニクロ所属
2010年	ローレウス世界スポーツ賞の年間最優秀障がい者選手に、同部門において日本人初のノミネート。車いすテニス初のシングルス100連勝達成（連勝記録107勝）
2012年	ロンドンパラリンピックに出場予定

あるがままを受け入れる強さ

わずか九歳で病に冒され、両足の機能を奪われた国枝慎吾は、「絶望したことはない」と言った。突然に訪れた車いすでの生活も、試練だと思ったことがないという。自分とは違う人生を羨《うらや》むことが、何も生まないことを知っていた彼の心には、あるがままを受け入れる強さがある。自分はどこに立ち、何に向かっているのか。何を求め、どんな道を行かねばならないのか。そうしたビジョンを示す羅針盤《らしんばん》は、自分の胸にしかない。コートに立つ国枝は、今も一心に、その針の行方《ゆくえ》を目指し前進している。

障害を持つ子供たちの夢になりたい

国枝慎吾は、シングルスでグランドスラム一七勝の男子世界歴代最多記録を持つ、プロの車いすテニス選手だ。車いすテニスは、ツーバウンドまでOKというルール以外はコートも球も通常のテニスと同じである。

「試合では常に完全燃焼。いつも自己の限界との闘いです」

二〇〇八年の北京パラリンピックでは男子シングルスで金メダルを獲得。優勝の瞬間、国枝はすべての力を出し切っていた。

「前年に世界ランク一位になり、敗北は許されないと覚悟していた大会だったんです。勝った時はコーチと抱き合って泣きました。人生で最高の瞬間でしたよ」

その栄誉の四年前、国枝は引退を考えていた。

「二〇〇四年のアテネパラリンピックに出場が決まったとき、この大会を最後に引退しようと考えていました。世界各国を転戦するので、年間、三〇〇～四〇〇万円もの費用がかかっていた。当時は、そのすべてを両親に負担してもらっていたので、これ以上迷惑はかけられないと思ったんです」

ところが、齋田悟司《さいださとし》と組んだダブルスで金メダルを手にした国枝は、引退を撤回、競技を継続することに意欲を燃やした。

「金メダルを獲ったことで、車いすテニスへの注目が集まった。自分がプレーを続けてもっとこの競技を知ってほしいと思いました。幸い、母校の麗澤《れいたく》大学が職員として採用し、遠征費などを負担してくれることになりました。選手を続けさせてくれた大学には感謝しています」

大学の支援のもとプレーを続け、二〇〇七年にはついに世界ランク一位に。翌年に北京で金メダルを獲得し、翌二〇〇九年、車いすテニスでは日本で初めてのプロ選手になった。

「アテネより北京の金メダルがさらに大きく報じられて、車いすテニスの認知度はこれまでにないほど大きくなった。健常者のスポーツとの垣根を取り払うためにも、今こそ、自分がプロとして名乗りを上げる機会だと思いました」

これまでの戦績など、プロになるための資料を自分で作り、国枝はマネジメント会社に売り込みに行った。

「ＩＭＧというスポーツマネジメント会社に『契約してくれませんか』とプレゼンテーションに行ったんです。社長にも面接してもらって、自分のビジョンを聞いてもらいました」

ＩＭＧにはラファエル・ナダルやマリア・シャラポワらが所属している。国枝はそのマネジメント会社と契約を交わすことになった。その後、ユニクロが国枝とのスポンサー契約を結んだ。

「ハンディキャップがあっても、プロスポーツ選手として生活できる。そういう前例を僕は作りたかったんです。プロ選手になることが、障害を持つ子供たちの夢の一つになれたら、こんなに嬉しいことはありませんよ」

特別扱いしない両親や友達に支えられて

国枝の明るさと強さからは想像もできないが、彼に訪れた運命はあまりに過酷だった。野球が大好きだった元気な少年が、ある時、突然に足の自由を奪われてしまう。

「足が動かなくなったのは、小学校四年生になる前の春休みのことでした。最初は、朝起きたら腰が痛かったんです。野球をやっていたので、練習のし過ぎで腰痛になったのかなと思っていました」

けれど、その腰痛は接骨院へ行っても治らない。一カ月ほどして、病院で検査を受けると「脊髄腫瘍《せきずいしゅよう》」であることが判明した。

「翌日には大学病院へ運ばれることが決まったのですが、搬送される日の朝、足が動かなくなっていました。でも、小さかったから深刻にならずにすみました」

手術で一命を取りとめたものの、両足の自由は奪われた。車いすでの生活を強いられることになるのである。

「九歳からこれまで、車いすの生活ですが、さほど不自由を感じることもなかったんですよ」

退院した国枝は、車いすで学校に通った。

「中学校も高校も家から三キロメートルくらい離れていましたけど、ずっと一人で通っていました。父も母も僕に対する態度は、それまでと変わりませんでした。車いすで不自由なのは、学校の階段の上り下りぐらいなんです。それは友達に助けてもらいましたが、その他のことは大抵一人でやりました」

ただ一つ、やっかいだと思うことがあった。

「思春期の頃に彼女ができて、デートをするんですが、車いすだと自由に好きなところを回れないじゃないですか。その時には、車いすでなければ、と思いましたね」

大好きだったスポーツも続けた。

「野球はできなくなりましたが、車いすで友達とバスケットボールをしていました。家の庭にバスケットゴールがあったので、放課後はほとんど毎日、遊んでいましたよ。ぶつかったり倒したりして、けっこう激しいゲームでした。友達も手加減せず、まったく普通にぶつかってきました。子供の頃は分かりませんでしたが、大人になってから、そのありがたさを感じましたね。彼らは僕をまったく区別しなかった。友達には本当に支えられました」

どこまで強くなれるのか、突き詰めたい

そんな国枝が車いすテニスと出合ったのは、十一歳の時だ。テニスをやっていた母に連れられて、地元にある吉田記念テニス研修センターに行ってみると、そこに車いすテニスのクラスがあった。車いすテニスのクラスは、当時は珍しかった。

「大きなテニスクラブでさえ、車いすテニスはなかなかできません。そんな施設が地元の柏市（千葉県）にあったことには、何か運命的なものを感じます。それまで僕は、スポーツをやるなら車いすバスケがいいなと思っていたんです。ところが車いすテニスをやってみると、バスケに負けず劣らず激しい。これならチャレンジしがいがあるぞ、と感じました」

初めから、車いすを操作する能力は高かった。

「友達とずっとバスケをやっていたのが活きたんですね。でもテニスの技術に関してはゼロからのスタート。とにかく練習しかないと思って、コートで過ごす時間を増やしていきました」

人一倍の努力の結果、国枝は、二〇〇七年の全豪オープン、ジャパン・オープン、全英オープン、全米オープンに優勝。史上初の年間グランドスラム（完全制覇）を成し遂げる。

「『絶対負けない』と、常に自分に言い聞かせていました。それは今この瞬間も同じです。でも一方で『いつかは負ける時がある』とも思っているんです。だからこそ毎日の練習に打ち込めるんだと思います」

向上心を忘れない国枝だが、グランドスラムを達成し、世界ランク一位になった直後、ひどいスランプに陥ったことがあった。

「それまでは自分より上の選手にどうしたら勝てるかばかりを考えていたので、一位になった途端、何を目標にしていいか分からなくなってしまった。ところが、ある時気付いたんです。自分にはまだミスも多いし、改善点もたくさんあるじゃないか、と」

他者に向いていた目が、自分自身に向かった。

「どこまで自分のテニスが強くなるか、ゲームを面白いものにできるか。今も、自分の課題を突き詰めていくことが楽しくて仕方ありません」

自分の可能性にチャレンジすることに心を燃やすのは、そこに限界がないからだ。

「今は、なるべく多くの方に、ライブでこの車いすテニスを観てほしいと願っています。僕も客席から声援が飛ぶと、気持ちが乗って盛り上がる性格です。どんなゲームでも、歓声を味方にできる選手になりたいですね」

国枝は、ビッグタイトルになると、そのゲームの勝負の分かれ目で大事なショットを決めている。

「勝負強さは自分の持ち味です。テニスは、何よりも精神的な強さが大事なスポーツなんです。正直、僕よりうまい選手はたくさんいる。でも大事な場面で気持ちを集中させることで、試合の流れを読み取ってきたんです。僕にとってのゲームは自分との真っ向勝負であり、唯一の目的は自分に勝つことです」

◉バレーボール

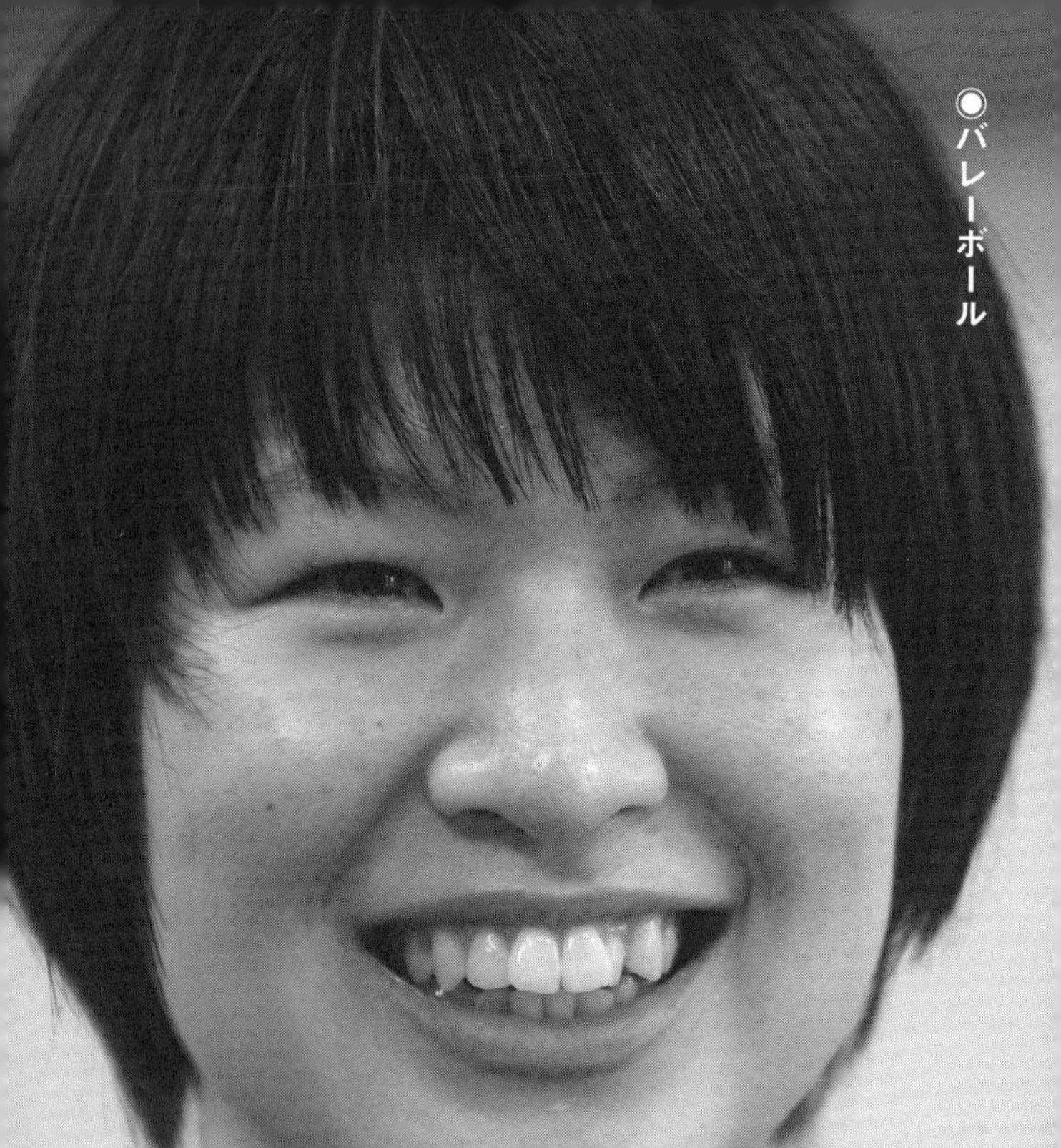

木村沙織

PROFILE　Saori Kimura

1986年	埼玉県八潮市に生まれる。小学２年でバレーボールを始める
1999年	成徳学園中学入学。高校も同校（現・下北沢成徳高等学校）に進学。高校２年（17歳）で全日本入りし、大林素子氏の持つ代表最年少出場記録を更新する
2004年	アテネオリンピック出場（５位）
2005年	東レアローズに入団
2008年	北京オリンピック出場（５位）
2010年	東レアローズで、史上初の３連覇を達成。最多得点日本記録、ＭＶＰを獲得。バレーボール世界選手権で32年ぶりの銅メダルを獲得
2011年	ワールドカップバレーボール出場（４位）
2012年	東レアローズで４度目の優勝に貢献。５年連続のベスト６賞を受賞。ロンドンオリンピックの代表メンバーに選出

勝利という責任

木村沙織の笑顔は、一輪の花のように可憐《かれん》だ。しかし、その笑顔とともにあるのが、心身の限界を超えて闘う者の強き心だということを知る人は少ないだろう。バレーボールが大好きな少女が、恵まれた体軀と努力で培った技術を認められ全日本のメンバーになると、それまで知ることのなかった「責任」を背負うことになる。彼女は、チームメイトはもちろん、応援する人々や、チームを支える人たちのために、勝利という責務を果たしたいと願い、どんな苦しい状況をも享受する。静かに自分を奮い立たせている彼女の姿は、清爽《せいそう》で愛らしい。

気持ちのスイッチを切り替える小さなポーズ

二〇一〇年の世界バレーで、三十二年ぶりの銅メダルを獲得した日本女子バレー。その立て役者ともいえるのが、エース木村沙織だ。

「あの時は、チーム全体の気迫が全然違いました。『勝ちにいくんだ』というみんなの強い気持ちが一体となったんです。試合中は、いつも以上にメンバー全員としっかり目が合った気がしました」

アイコンタクトで気持ちが通じ合う。集中力が極まると、言葉も必要ないのだという。

「うまく言えないんですが、チームメイトの心の声が聞こえる気がするんです。銅メダルを獲った時は、いつもより空気が重くなった感じがしました。そんな中で、パンパンと球が飛び交う速い展開ではなく、一本一本を大事にする丁寧なバレーを目指し、それができたんだと思います」

木村自身も、緊張感が途切れることはなかった。

「以前は、自分がミスして『どうしよう、どうしよう』と考えている間にサーブを打たれて連続失点などということがよくありました。一セットごとに気持ちを切り替えることが精一杯で、一つのプレーごとの切り替えがうまくできなかったんです。ところが、二〇一〇年の世界バレーでは、ワンプレーごとに集中して、その都度、気持ちを一回ゼロに戻すということができるようになったんです」

木村はその手法を、監督の眞鍋政義《まなべまさよし》からのアドバイスにより身につけていた。

「監督からは『集中するためのルーティーン（決まった手順や習慣）を行なってみろ』と言われていました。『何か一つ決まり事を行なうことで気持ちをリセットできるから』と。そのアドバイスに従い、私は、相手サーブを受ける前に、必ず両腕を前に出してレシーブのポーズをしてみることにしたんです」

本番のサーブカットの前の小さなポーズ。この動きを毎回することで、木村は、その都度気持ちを仕切り直し、次の一瞬に集中できた。

「私自身、こんな小さなことで、気持ちのスイッチが切り替わるのかと驚きましたが、このアクション一つで、私が試合中でも平常心を保ち、プレーできたことは確かです」

もちろん、思い返せば反省点はたくさんあったが、ルーティーンのレシーブポースとともに気持ちを切り替えると、ミスをした衝撃やネガティブな感情に惑わされることがなくなった。

「人間の心と体って面白いですね。体の動きがまるでスイッチのように働いて、心を統一させてくれる。平常心で闘うという意味では、一歩前進したかなと思います」

全日本に入れたのは素質ではなく運

十七歳で代表入りした木村。バレーボールを始めたのは小学校二年生の時だ。その頃の彼女は、将来、全日本に入ることを考えたこともなかった。

「ママさんバレーをやっていた母の影響で始めて、ただバレーボールが楽しかっただけ。ですから、最初に全日本に呼んでいただいた時は、私なんかでいいのか、と申し訳ない気持ちでした。別世界に来た感じで、先輩たちを見て『あの人、テレビで見た』なんて言って、サインをいただきに行ったぐらいです。そういうすごい方たちと高校二年生の自分が一緒に練習しているのが、なんだか不思議でした」

そんな木村も、日の丸をつけて闘っていくうちに意識が変わった。

「しっかりしなきゃと、日々の練習の中で徐々に自覚が生まれてきたんです。自分は日本の代表なんだ、って。練習が厳しく苦しくても、やめたくなったことは一度もないです」

負けず嫌いな性格だと自負している。

「そもそも私は、苦しければ苦しいほど、笑ってしまうタイプ。確かに練習はキツイんですよ。でも、ヘトヘトになって下を向いているより、『キツーッ！』って笑いながらやっているほうが好きなんです。みんなからは『沙織、ここで笑うなんてヘンだよ』と、よく言われます」

小学生の頃は、試合に負けると悔しくて泣いていた。

「ある時母に言われたんです。『負けて泣くのはやめなさい』って。弱い自分を悔やんで泣くのは、前進につながらないよ、と。母のその言葉を聞いて、『泣いている場合じゃない。もっと練習しなくっちゃ』と思いました。それ以来、悔しいから泣くことは一切なくなりました」

母親は、木村の活躍をいつも一番近くで支えてくれていた。とはいえ、木村の母親は、身長も高くて素質もあった娘を、将来のオリンピック選手に育てるために英才教育を施したことはなかった。

「私が高校から社会人チームに入ると決めた時も、母は『えっ、ずっとバレーやるの？』と驚いていていたぐらいです。『行きたい大学があるなら、バレーやらなくてもいいよ』なんて言っていましたから。全日本に選ばれたのは、私に素質があるからじゃなく、たまたまラッキーだったんだよ、と言っていました。『そういう機会をいただけて運が良かったんだから、感謝しなきゃね』と何度も話していました。母自身、応援のために海外の会場まで来てくれて、『私も運がいいわ。ありがとう』と明るく喜んでいました。母はどんな小さなことでも『ツイてる、ラッキー』と、心から思う人なんです」

支えてくれる人のためにも試合に勝ちたい

木村は家族だけではなく、仲間にも恵まれている。特に、成徳学園高校（現・下北沢成徳高校）時代の同級生、横山友美佳の存在は大きな力になった。同じバレーボールの選手として、一緒に頑張っていた木村と横山は、ともに高校生で全日本に選ばれた仲で、親友でもあった。

ところが、横山は高校の途中でがんを発病し、二十一歳の若さでこの世を去ってしまった。

「本当に悲しかったです。今も友美佳には会いたいな、って思います。最後の最後まで『一緒にまたバレーをやりたい』と言っていましたから。だから、友美佳の分まで自分が頑張らなきゃと思っています。実家の近くにお墓があるので、帰省した時は必ず訪ねるんですよ。長い時間お墓の前にいて『こんなことがあったんだよ』とか『この間の試合はこうだったんだよ』とか、彼女と話しているんですよ。友美佳に報告すると、それだけで自分の気持ちも癒《い》やされ、また努力しようと思えます。きっと友美佳はいつも私のそばにいて、一緒にバレーをやっていると思います」

親友の死を乗り越えた木村は、仲間がいるから戦える、と思っている。団体競技であるバレーボールにとって、チームワークこそが最大の武器だ。

「選手の気持ちがちょっとバラバラになるだけで、すぐにプレーに影響します。逆に心が一つになれば、全員のパワーの相乗効果でいつも以上の力が発揮できる。選手ならみんな試合に出たいのは当たり前ですが、出られない人もいます。ユニフォームを着られない人、裏方で懸命に働いてくれる人もいます。コートに立つ立場になった時は、そういう人の思いも全部引き受けなければいけないんだと思います」

勝負の瞬間は、仲間たちへの感謝をあらわす場でもある。

「試合では、『勝ちたい』という気持ちの強いほうが絶対に勝つと思います。でもそれは、単に個人としての思いだけでなく、周りの人のことをどれだけ思えているかの反映でもありますね。支えてくれる人たちへの感謝があって初めて『勝ちたい』と思えるんです。多くのファンやチームを支えてくれるすべての人たちのために、試合に勝って恩返しをしたいです」

◉ウエイトリフティング

三宅宏実

PROFILE　Hiromi Miyake

1985年　埼玉県新座市に生まれる。父・義行、伯父・義信、次兄・敏博はいずれも重量挙げ選手。中学３年から重量挙げを始める
2001年　全国高校女子選手権で大会新記録を出し優勝
2002年　世界選手権初出場（９位）
2003年　法政大学入学。全日本選手権初優勝
2004年　アテネオリンピック出場（９位）
2006年　世界選手権銅メダル獲得
2008年　北京オリンピック出場（６位）
2009年　全日本選手権優勝
2010年　全日本選手権優勝
2011年　全日本選手権優勝、世界選手権出場（６位）
2012年　ロンドンオリンピックに出場決定

限界と向き合う孤独な旅

静寂の中で集中力を研《と》ぎ澄まし、爆発的な力と技で信じがたい重量を頭上に掲《かか》げるウエイトリフティング。人間の能力の限界に挑む競技は、ピアニストを目指した少女を強靭な肉体と魂を追い求める戦士へと変えてしまった。三宅宏実の内なる魂の強さは、重力に逆らいバーベルを挙げることだけに発揮されるのではない。限界という恐れを鎮めることに向き合いながら、自己の可能性を探る孤独な旅を受け入れた、その心にある。魂と肉体との静かなる対話は、試合の場面だけでなく、休むことのないトレーニングの一瞬一瞬にも重ねられている。

ピアノが好きだった少女時代

三宅宏実は女子重量挙げ五三キロ級の日本チャンピオンだ。アテネで初出場を遂げ、オリンピックアスリートとなった彼女はオリンピックを目覚ましい成長の機会としてきた。

「人生を四年ごとに区切って過ごしてきましたが、本当にアッという間でした。オリンピックに出場するたびに、応援してくださる方への恩返しの場なんだと思っていました」

三宅の父、義行はメキシコオリンピック（一九六八年）の銅メダリスト、伯父の義信は東京オリンピック（一九六四年）、メキシコオリンピックの、二大会連続の金メダリストだ。そして兄の敏博は元全日本王者である。彼女はまさに重量挙げ界のエリート一家に生まれた。

「私は、中学生の頃まで重量挙げどころか、スポーツと無縁だったんです。母が自宅でピアノを教えていたので、私も幼稚園の頃からずっと習っていて、将来は音大へ進むのが夢でした。父や伯父がオリンピックに出ていたことで友達から『すごいね』と言われることもありましたが、マイナーな競技ですから、それ以上大騒ぎされることもありませんでした」

そんな三宅が重量挙げをやることになったのは、中学三年生の夏にテレビ中継で観た、シドニーオリンピックの開会式がきっかけだった。

「その時にすごく感動したんですね。特に開会式の、あの選手団の行進に心を打たれました。華やかで、自信に満ちている選手たちの表情に心が動かされたんです。私も、ああいう舞台に立ってみたいな、と強く思いました。ピアノの演奏も好きだったんですが、毎日の練習が続かなかったりして悩んでいる時期でもあり、スポーツへの興味が湧いていきました」

シドニーオリンピックから女子重量挙げがオリンピックの正式種目になっていた。重量挙げという競技に心が動いたのは、やはり父の影響も大きかった。

「シドニーオリンピックに出場していた仲嘉真理《なかがまり》選手の恰好よさに憧れましたし、私には父もいる。重量挙げの先生が家族にいるんです。父に教えてもらえば強くなれるんじゃないかと考えました」

しかし、両親は複雑な心境だった。溺愛《できあい》した末娘に、重量挙げという過酷な競技をさせたくないと思ったのだ。

「父も母も、最初は反対しました。まさか娘の私がそんなことを言い出すとは思っていなかったみたいです。でも、私が本気だと分かると、父は『やるんだったら徹底的に教えるから、オリンピックで金メダルを獲るつもりでやりなさい』と言ってくれました。やがて、ピアノを続けることを望んでいた母も『やるのはあなた自身だから』と認めてくれたんです」

トップに立つ条件

中学生の三宅は、秘めたる才能を示した。いざバーベルを挙げてみると、いきなり四二・五キログラムをクリア。これは、父が高校一年生でやっと挙げられた重量だった。

「その重量のことはあまり記憶にないんです。ただ覚えているのは、初めてバーベルを持ってみて、その重さにびっくりしたということだけ。シャフトっていうバーベルの棒の部分だけでも、女子用で一五キログラムあるんです。テレビでは軽そうに見えたんだけど、見るとやるとでは大違いだと思いました。オリンピックを目指すなんて言ってしまった自分が怖くなって、正直、ゾッとしていました」

練習を始めてみると、父への思いが変わった。

「こんなに大変なことをやってきて、しかもオリンピックでメダルまで獲るなんて。心の底からすごいなと、改めて尊敬しましたし、重量挙げという競技の厳しさを実感しました。大変な種目だと思いましたが、私は練習が好きになっていきました。父がほめ上手だったのが良かったんですね。『宏実、なかなかいいじゃないか』とほめられるたびに、もっともっとと上を目指して頑張れました。それで記録が伸び、また練習するのが楽しくなったんです」

競技を始めて一年足らずで、全国高校女子選手権で大会新記録を出し、優勝。それ以降も、自身の記録を次々更新し続けた。

だが、体重の倍もあるバーベルを持ち上げる競技ゆえ、度重なるケガとも向き合うことになる。

「私はとにかくガムシャラにやってしまうタイプなんです。痛みも我慢するから、それがケガにつながってしまう。ひじの靭帯《じんたい》を傷めたり、筋断裂や肋骨《ろっこつ》の疲労骨折をしてしまったりと、いろいろやりました」

男子に比べ骨や筋肉が細い女性の身体には負担が大きい。

「でもケガから学ぶことも多いんです。たとえば肩を痛めたら、『肩以外で、今できるところを補おう』と別の部位を一生懸命に鍛えます。その結果、弱点が補強されて記録が伸びたこともあるんです。ケガはマイナスばかりではなく、プラスにもなる。困難に直面したときこそ、決してあきらめちゃいけないと自分に言い聞かせていました」

実際は、ケガによる不調は勝負においては大きなハンディキャップになる。アテネ、北京のオリンピックは、実は大きなケガを抱えてのチャレンジだった。

「アテネの時は、階級を下げたことで六キロほど減量したんですね。それもあって腰を痛めてしまいました。北京では、アテネの後の二〇〇五年に傷《いた》めた股関節のケガを引きずってしまい、最後は歩くのもままならない状態になって、やはり思うように力が出せなかった。せっかくオリンピック出場の貴重な切符をいただきながら、結果が出せない自分がもどかしくて、本当に情けなかったです」

ケガを抱えながらも、力を発揮する。それがトップに立つ条件だと三宅は考える。

「アスリートにケガはつきものですが、皆、それを上手にコントロールしながら競技を続けているんですよね。特にオリンピックは、四年に一度の決められたその日、その瞬間にピークを持っていかなければならない。そこが一番難しいところなんです」

恐怖心を乗り越えて

ロンドンオリンピックに向けての調整は経験がものをいった。

「全日本と世界選手権と、そのピークの調整がうまくいきました。重量挙げはスナッチとジャークという二種類の持ち上げ方があり、その合計重量を競うのですが、やっとトータル二〇〇キログラムという壁を乗り越えられたんです。中学三年生で競技を始めて、十年かかってそこまでたどり着いた。即座に次の目標を二一〇キログラムに据えました」

練習ではいつもほめてくれていた父が、最近はあまりほめなくなった。

「十代の頃と違って、私も練習内容や技術のことが分かってきたからですね。父は最近こう言うんですよ。『自分が教えることはもう何もない。あとは自分で何度もやってみて、どうしたらいいか自分で感じ、考えるしかないよ』と」

父と娘は師弟としてもその信頼を重ねていった。

「親子なので、ぶつかることもあれば、逆に何も言わなくても通じ合えるところもあります。いずれにしても、父は、私のコンディションも何もかもすべて分かってくれています。一番信頼しているし、感謝しています。普段は照れくさくてなかなか感謝の言葉を言えませんが」

ピアノが大好きだった少女が挑む、果てしない「重さ」。三宅はこの競技を自己との闘いと位置づけている。

「重量挙げは、自分の力の限界に挑む競技です。だから、試合の前に少しでも『怖い』と思ったら、バーベルはもう挙がらない。気持ちが負けたらその時点で負けなんですね。逆に気持ちが充実している時は、恐怖心もなくなり集中力も高まります。そんな時は、重さを感じない一瞬が作れるんです。気持ちとバーベルが一つになれる。自己新が出るのは、まさにそんな時ですね。ですから、いつも思うのは、やっぱりこの種目は自分との闘いなんだ、ということ。どんなに練習しても心のコントロールができなければ、絶対に勝てません」

内なる自分との闘いは続く。

「記録は常に塗り替えられます。今の結果に満足しないで、いつもチャレンジしていく強い心でありたいと思います」

●カーリング

本橋麻里

PROFILE Mari Motohashi

1986年	北海道北見市常呂町に生まれる。12歳でカーリングを始める
2002年	日本ジュニアカーリング選手権大会優勝。世界ジュニアカーリング選手権大会出場
2003年	河西建設チームへ加入。パシフィックカーリング選手権大会優勝（翌年２連覇）
2004年	世界カーリング女子選手権大会出場
2005年	青森明の星短期大学入学。「チーム青森」へ加入
2006年	トリノオリンピック出場。強豪カナダなどを破り７位に入賞
2007年	世界女子カーリング選手権出場（８位）
2008年	世界女子カーリング選手権出場（４位）
2009年	日本カーリング選手権優勝
2010年	バンクーバーオリンピック出場（８位）。日本カーリング選手権優勝（５連覇）。「チーム青森」から脱退し、新チーム「ロコ・ソラーレ」の結成を発表。ＮＴＴラーニングシステムズ所属

集中力と知力を駆使して

本橋麻里の魅力は、その若さとは対極にある集中力と、知力を駆使した激しい闘いの姿だ。静かな面持ちからは想像もできない熱情を胸に秘めた彼女は、カーリングに自分の生き方を見出していた。そこには、好きなことに打ち込めることへの感謝が常にあった。やがて、世界を見据える彼女は、その競技を「楽しみ」から「使命」に変えていった。カーリングという競技の楽しさを伝え、同時に勝利を目指すことの責任が、彼女を突き動かし、その表情をより一層輝かせている。

トリノオリンピックで一躍人気に

二〇〇六年トリノオリンピック。当時、日本ではまだマイナースポーツだったカーリングは、日本代表である「チーム青森」によって一躍脚光を浴びた。世界の強豪相手に堂々と戦う彼女たちの姿に、カーリングを知らない者までもがテレビ中継に釘付けになった。最終順位は七位だったが、本橋麻里をはじめ、チーム青森の存在がカーリング人気に火をつけた。

「あの当時、自分たちにそんな実感はありませんでした。帰国して成田空港のゲートを出た時、わっとマスコミの人たちが集まってきたんです。私は、きっと金メダルの荒川静香さんが空港にいるんだな、と思っていたのですが、私たちを取材するためだと分かってびっくりしたのを覚えています」

十九歳だった本橋は、日本選手団のアイドルだった。

「カーリングは人気があるねと言われても、なんだか自分たちのことじゃないような気がしていました」

トリノオリンピックでの活躍の甲斐があり、カーリングの国内試合のチケットは売り切れ続出に。競技人口も一気に倍増した。

「カーリングのルールはちょっと複雑です。ルールを知らないと試合の展開が分かりにくいんですね。観戦してくれた人から、どこで応援していいのかタイミングが分からない、とよく言われます」

カーリングは、花崗岩《かこう》でできたストーンをハウスと呼ばれる円形の的に投げ入れることで点数を争う。対戦チームのストーンに当てたり、進路をふさぐ場所に投げたりする攻防と駆け引きが繰り広げられていく。その複雑な戦術から氷上のチェスとも呼ばれている。

「ストーンを投げた後は、スウィープといって、氷をブラシで掃《は》いてストーンの速度や方向をコントロールします。氷は時間とともにどんどん溶けていきますから、一瞬一瞬、状況判断をしなければなりません」

あの静かな時間の中で、激しい頭脳戦が繰り返し行なわれているのだ。

「試合が終わると、頭がクタクタに疲れるんですよ。また、ストーンを投げる時は、片脚を後ろへ伸ばした低い姿勢で石をゆっくりと前に押し出すのですが、これもなかなか体力がいります。簡単に見えるんですが、長年のトレーニングがなければ、正確な投石ができません」

小学校六年生の時に才能を見出されて

本橋とカーリングの出合いは、ごく自然に訪れた。カーリングの盛んな北海道北見市常呂《ところ》町で生まれ育った彼女は、小学生にもなると遊びでカーリングを覚えてしまう。

小学六年生の時には、そのセンスを、地元でカーリングを教えるコーチに見出された。

「遊びでストーンを投げていたところを、地元のクラブの指導者に声をかけられたのが始まりでした。でも、小さい頃はカーリングだけをやっていたわけじゃないんです。小学校では陸上競技、中学校ではバスケットボールにも熱中しました」

カーリングの英才教育を受けながら、他のスポーツでも活躍した本橋。

「スポーツをしていると熱くなりますが、勝つためには常に客観的であることが大事だと、この頃に知りました。いろんな種目に取り組んで、また勝敗を受けて、自分はどうあるべきかを考えるクセがつきましたね」

トリノオリンピックで見せた冷静さは、そうした思考の表れだが、それは彼女の普段の姿でもあった。

「陸上をやっていた頃、母によく言われていたんです。私が下を向いて歩いていると、『それじゃ、いかにも弱そうに見える。歩くときは堂々と胸を張りなさい』と。日本舞踊《ぶよう》をやっていた母は、選手としての礼儀や心構えなど、メンタルな側面では一番のアドバイザーだったんです」

「心理戦を勝ち抜くための、感情を露にしない『ゲームフェイス』という言葉を教えてくれたのも母でした」

しかし、大人びた姿勢が本橋を悩ませたことがあった。

「ずっと競技中心の生活をしてきたので、高校時代には同級生と無邪気に遊ぶことができなかったんです。周囲の友人たちが子供に見えてしまって。自分はどうしてクラスメイトと同じように振る舞えないのだろう、と考え込むこともありました」

心が燃え尽き、引退も考えた

トリノオリンピック以後、カーリングのアイコンになった本橋だが、二〇一〇年のバンクーバーオリンピックに臨む頃には、ある葛藤に苛まれることになった。

「オリンピックでメダルを目指すことを決めるまで、かなりの時間が必要でした」

彼女は、心が燃え尽きた、と感じていた。

「それまで私は、オリンピック出場を目標に、ただ一心不乱に頑張っていました。だからトリノオリンピックを終えた時、『もうこれ以上のことはできないのでは』という思いが胸に広がっていったんです。次はバンクーバーだという周囲の雰囲気の中で、私だけがそこへ気持ちを向けられませんでした」

高校二年生の時から世界選手権に出場して、常に世界という舞台で闘ってきた本橋は、トリノでの闘いに全身全霊をかけた。だからこそ、自分は精一杯やった、やり尽くした、という思いが湧き起こっていた。

「逆の言い方をすれば、充実していたということでもありました。高校二年生から、世界の舞台を経験させてもらい、本当に密度の濃い人生を過ごしていたんです。二十歳の誕生日に『ああ、これまで長かったな』と思わず呟《つぶや》いてしまったくらいに」

カーリングとともに濃密な時間を過ごした彼女には、二度目のオリンピックを目指さずに引退する、という選択肢もあった。

カーリングは勝負の場。もう遊びではできない

だが、その意思は、やがて覆る。

「競技を続けようか悩んでいた時、気持ちを整理するために一度、北海道の実家へ帰ったんです。自分はどうしてカーリングを始めたのか、それを原点に戻って考えてみたかった。両親と思い出話をしたり、お世話になった地元のコーチに会いに行ったりしました。そうやっていろいろな人と話しているうちに、私がカーリングを続けてきた理由が分かったんです」

それは試合に出場し、勝利を目指すこととは別のものだった。

「私は、ただ、カーリングというスポーツが大好きだったんです。そのことがはっきりと意識できたとき、カーリングなしには生きられない、と思いました」

自分を再発見することで、本橋は再びオリンピックを目指す。そのきっかけとなる言葉を授けたのは、十二歳の彼女を見出した地元のコーチ、小栗裕司だった。

「オリンピックへの再挑戦を思い悩む私は、小栗さんに『この先、私はもっと成長できるでしょうか』と尋ねたんです。すると、次の瞬間、『やろうと思えば、いくらだってできるさ』と言ってくださった。その時『本当にそうだ。自分にはまだ可能性がある。もう一度、大好きなカーリングに渾身の力で挑んでみよう』と心が決まりました」

オリンピックは最終目的ではない。自分が理想とするカーリングを目指して一年一年を過ごしてみよう。そう思い立った本橋は、以前にも増して集中力を発揮できるようになった。

「まずは毎年の世界選手権に照準を合わせました。オリンピックも魅力的ですが、私は世界選手権がとても好きです。対戦チームのメンバーがあまり変わらないので、毎年お互いの技と戦術を競い合い、実力を確認することができます」

カーリングは、選手寿命の長い競技だ。対戦相手は三十、四十代が当たり前であり、そうした海外の先達《せんだつ》たちからは毎回、新鮮な刺激を受けた。

「十代の頃の私は、勢いだけが売りの選手でした。けれど、世界選手権で熟練した技を見せるベテラン選手のプレーを観るたびに、もっと地に足のついた気持ちで試合をしなければ、と考えるようになりました」

本橋の内面は様変わりする。

「一喜一憂せず、自分の進むべき道をしっかりと見つめています。プレーにしてもそうです。自分は今、何を考え、何をしようとしているか。それをすべて分析できて、説明できます。競技を続けてきて初めて得た感覚です。やっとワンステップ、成長できたかなと思っています」

闘いに対する意識はより明確になっていった。

「勝つために戦う。今はそう思えます。大好きなカーリングだからこそ、無様《ぶざま》なプレーはできない。意識がそうシフトしました。私はもう、遊びではカーリングをできないと思います」

戦うことの意味を考え、葛藤した本橋は、勝負だから困難にも挑めると思い当たった。

「勝負が好きです。勝負には緊張感がつきものですが、その張りつめた感覚にこそ魅せられます」

日本のカーリングはまだ発展の途上にある。地元、常呂町に帰り、新たなチーム「ロコ・ソラーレ」を率いる本橋は自らをベテランなどと思わない。

「自分は何年やってもチャレンジャーだと思っています。私のチームには、目標を一つひとつクリアして勝ち上がっていく喜びもあります。今は大舞台での試合こそ、楽しみなんです」

坂本勇人

PROFILE　Hayato Sakamoto

1988年　兵庫県伊丹市に生まれる。４歳で野球を始める
2004年　光星学院高等学校進学。３年生の春に選抜高等学校野球大会に出場
2006年　高校生ドラフト１位指名で読売ジャイアンツに入団
2008年　中西太、清原和博に続く史上３人目の高卒２年目全試合スタメン出場達成。ジャイアンツのセ・リーグ優勝に貢献
2009年　ベストナイン獲得。ジャイアンツ日本一に貢献
2010年　全試合フルイニング出場を達成
2011年　２年連続全試合出場を達成

出会いが開花させた才能

しなやかな肉体を駆使して見せる鮮やかなフィールディング。アスリートとしての資質に恵まれた坂本勇人は、その才能を開花させるきっかけを「人との出会い」だと言った。プロ選手として生きることなど想像できなかった高校時代、その成長を信じた指導者がいた。辛さから逃げた彼に、野球を続けろと声をかけた友人がいた。そして、その背中でプロの厳しさを教えてくれた偉大な先輩たちがいた。彼の野球への情熱は、そうして出会った人へ報いるために燃やされている。彼が「清々《すがすが》しいプレーを」と心に期するのは、渾身で野球ができることへの感謝の心と対なのである。

全試合スタメン出場。試合に出続ける難しさを痛感

読売ジャイアンツの生え抜《はぬ》き選手として、球界でも注目を集める坂本勇人。坂本自身、プロで闘うことのメンタリティーを日々思い返している。

「高校野球はほとんどの大会がトーナメント戦で、『ここで負けたら終わり』という試合ばかりでした。でもプロ野球はシーズンを通して闘うリーグ戦です。毎日のように試合があり、勝っても負けても、翌日決められた時間に闘わなければならない。一年を通して集中力が必要と

されます。日々の気持ちの切り替えが難しいですが、それができることがプロですからね」

負けを引きずっては万全で闘えない。勝って油断したなら必ず落とし穴に落ちる。

「いい選手というのは、試合を終えたら意識を一度フラットな状態に戻すことができるんです。ジャイアンツの先輩の小笠原道大《みちひろ》さんは気持ちの切り替えの達人です。前日の結果がどうであれ、翌日の朝には平常心を取り戻している。誰にも負けないガッツと、その心を静めまた一からゲームを闘う姿は、すごいの一言です」

二〇〇八年、高卒二年目での開幕以降の全試合スタメン出場を成し遂げ、年間一七二試合を闘った坂本は、モチベーションを保つことの難しさを痛感していた。

「あの年は試合数の多さよりも、一軍のレベルについていけるのかどうかという不安で、精神的にすごく疲れました。でも、それはいい経験になりました。おかげで翌年からは周りが見えてきて、自分のすべきことが分かってきましたから」

プロなんて夢のまた夢だった

野球との出合いは四歳の頃だ。六つ年上の兄が、地元、兵庫県伊丹市の少年野球チーム「昆陽里《こやのさと》タイガース」に所属しており、幼かった坂本も一緒に練習に参加していた。

「チームの練習に交ぜてもらえるのが嬉しくて仕方なかった。朝練にも行って一緒に走りました。小学生になってチームに入ってからも、毎日、一人での自主練も欠かさなかった。壁を相手に守備の練習をする『壁当て』を何時間もやっていましたよ」

坂本はもともと左利きだが、右腕でボールを投げていた。

「兄のお下がりの右利き用グローブを使い続けていたんです。それで、気が付いた時には右で投げていた。今でも、字を書くのとお箸《はし》を持つのは左手なんですけどね」

ピッチャーを務めていた坂本が昆陽里タイガースでバッテリーを組んでいたのは、東北楽天ゴールデンイーグルスの田中将大《まさひろ》だ。

地元の中学校を卒業すると、青森県八戸《はちのへ》市にある野球の強豪校、光星学院高校に進学。十五歳で親元を離れることに迷いはなかった。

「うちは男三人兄弟で、早く家を出ないと親に迷惑をかけると思っていました。それに地元にいたらつい友達と遊び回ってしまう。なので、寮生活をして野球に没頭したかったんです」

しかし、坂本は自分でも驚くほどのホームシックに襲われる。

「たまに地元の友達から電話がかかってくると、『会いたいなぁ、帰りたいなぁ』と心底思ってしまいました。野球部の練習は厳しかったですし、寮ではよく先輩に使い走りに行かされたりして、毎日しんどかった。その上、八戸の冬は関西育ちの僕には想像ができないほど厳しかった。風がものすごく冷たいんです。耳がちぎれそうだと感じながら、雪かきをしましたよ。

今思えば、そういうことが野球をする上での基礎体力につながっているんですが、あの頃は、毎日泣きそうでした」

当時の野球部監督である金澤成奉《せいほう》は、坂本の才能をいち早く見抜き、彼がプロ選手になることを予見していた。しかし、当の本人はプロの世界へ行くことなど考えてもいなかった。

「僕は全国で活躍したこともなく無名でしたし、プロなんて夢のまた夢でした。それどころか青森の生活が辛くて、『もう野球をやめよう』と、一回、伊丹に逃げ帰ったこともあるんです。青森での生活から目を背けていたんです。ただ逃げたかったんでしょうね。あの時は自分に負けたんだと思います」

地元の友達は青森から戻った坂本にこう語りかけたという。

「友達は皆、『おまえは野球をやったほうがいい』って言ってくれました。『野球がうまくてそれができる環境があるんだから、それを無駄にするな』と。そんな言葉に背中を押されて、一週間でまた八戸に戻ったんです。僕は仲間に恵まれたなあ、と今でも思います」

そこからは一転、真面目に野球に打ち込んだ。

「高校に戻った僕を監督は黙って受け入れてくれました。プロは意識したことがなかったのですが、子供の頃から『甲子園に出たい』という気持ちだけはすごく強かった。だからその一心で練習しました。真夜中までバットを振っていましたね。念願の甲子園には三年生の春に出ることができました。結局、初戦で負けてしまいましたが」

たった一度の甲子園、たった一つの試合が、プロのスカウトを動かした。高校生ドラフトの一巡目で読売ジャイアンツの指名を受けたのだ。

「スカウトの大森剛《たけし》さんが自分を推してくださったそうです。力のない高校生の僕の将来性に賭けてくれた。金澤先生や大森さん、それに友達や家族など、僕は本当に人に恵まれました。よいタイミングでよい人と出会い、今日まで導いてもらったと感謝しています」

先輩たちの姿に一つひとつ教えられた

ジャイアンツは一二球団でも特別な存在だ。長嶋茂雄、王貞治ら名選手たちが築き上げた伝統や誇りがある。

「ジャイアンツの一員であることを、とても誇りに思っています。本当にすごい先輩ばかりですから。気持ちを切り替える術を見習いたいと思う小笠原さんは、どんなによい成績を残しても、誰より練習するんですね。黙々と野球に打ち込む姿を見て、自分も見習わなければと背筋がのびました」

坂本の練習量の多さも、そうした先輩からの影響を受けてのことだ。ジャイアンツの主将を務める阿部慎之助にも多くのことを教わった。

「一年目の秋季キャンプが終わった頃、マネージャーに突然『阿部さんから電話ですよ』と言われたんです。電話口で阿部さんが『おい。グアム、一緒に行くぞ！』って言ってくださった。何の実績もない僕を、グアムでの自主トレーニングに誘ってくれたんですよ。最初は緊張しました。でも、野手としての技術や身体の作り方、野球に対する考え方やオンとオフの切り替え方、そういうものすべてをあのキャンプで見せてもらって、『一流ってこういうことなんだ』と、肌で感じることができたんです。僕も、その時、阿部さんのようになるんだと誓いました。あそこから、プロ野球選手としてのすべてが始まった気がします」

その自主トレ後に迎えた二〇〇八年のシーズンには、松井秀喜以来の十代での開幕スタメン入りを果たす。そして、坂本は全試合スタメン出場を成し遂げた。

「阿部さんはシーズン中も、よく声をかけてくれました。僕が打てなかった時でも、『不調の時こそ、人はおまえの姿を見ているんだぞ』とアドバイスをしてくれた。打てないと打者はすごく孤独なんです。だから時には投げやりな態度を取ってしまう。でも、そんな時こそ声を出して、クサらず野球に向き合うことが、自分のコンディションを上げることのきっかけになるんです。そんなこと、一つひとつを教えていただきました」

二〇〇九年は日本一も経験し、勝負の醍醐味も知った。

「勝負にはいつも不安がつきまといます。『今年は打てても、来年はどうなるか分からない』

と常に考えているんです。でもプロは、皆そういう不安の中にいるんじゃないかって思うんですよ」

不安だからこそ練習する。

「不安がない選手は、プロでは活躍できない気がします。ゲームは、練習してきたすべてを出し切る瞬間です。そうして自分を表現できる時間を持てた自分は幸せですね」

五郎丸 歩

PROFILE

Ayumu Goromaru

1986年　福岡市に生まれる。３歳でラグビーを始める
2001年　佐賀県立佐賀工業高校入学（３年連続花園に出場／ベスト８）
2004年　早稲田大学入学。在学中に大学選手権優勝３回に貢献
2005年　日本代表戦デビュー
2008年　ヤマハ発動機ジュビロ入団
2010年　第１節ＮＥＣグリーンロケッツ戦で、トップリーグ新記録となる「１試合８ＰＧ（ペナルティーゴール）」を記録

すべてはチームのために

五郎丸歩の魅力は、傑出した身体能力を活かしたダイナミックなプレーにある。五〇メートルを超えるロングキックも、トライを求めての疾走も、ゴールラインを守るための激しいタックルも、フルバックというポジションのイメージを一新する鮮やかなものだ。そして、果敢なプレーを支えるのは、「すべてはチームのために」という献身の心。一つのボールをパスでつなぎ、トライを目指すためなら、どんな衝撃もいとわず身を挺《てい》することができる。勝利のために自己を犠牲にする、その喜びが、五郎丸を輝かせている。

「どうしてもこのチームで闘いたい」

ヤマハ発動機ジュビロでプレーする五郎丸歩は、早稲田大学ラグビー蹴球部の時代とはその印象を違《たが》えている。第一の要因は、ずいぶんと体が引き締まったことだ。

「学生時代から比べても二、三キロは痩せたんじゃないでしょうか。午後の練習に加えて朝練もやっていますからね。それに大学生の時以上に走り込んでいるんです。ルールが変わって、今は、キックを蹴るより走ってつなぐラグビーが有利になっているので、とにかく基礎体力を上げることが必要なんです。単純に言って、これまでの倍はトレーニングしています」

ヤマハは、アトランタオリンピックのレスリング銅メダリストである太田拓弥をコーチに迎え、レスリングを練習に取り入れるようになった。そのことで、プレーにも変化があったという。

「グラウンドに寝ている（倒れている）時間を短縮する効果もありますし、タックルやバインディングといった技術の強化にもなります。何より基礎体力の強化につながっていますね」

選手たちを走らせ、レスリングをトレーニングに取り入れたのは、監督の清宮克幸である。かつての早稲田大、サントリーサンゴリアスの監督であった清宮は、二〇一一年三月、ヤマハの指揮官となった。五郎丸は、大学時代、徹底的にそのラグビー哲学を叩き込まれた恩師と再び闘うことになり、心を燃やしている。

清宮からは、大学時代から、言われ続けたことがある。

「監督には、ラグビーというのは個々の選手のスタンドプレーでは絶対に勝てないスポーツだ、チーム力が大切なんだと、繰り返し聞かされました。選手はその意識を高めているし、監督も一人ひとり選手のいいところを発見してポテンシャルを引き出してくれる。いい化学反応が起きていると思います」

二〇一〇年は、ヤマハにとって転機の年となった。強化方針の変更から、プロ契約を廃止。プロとして所属していた五郎丸も、移籍か残留かの選択を迫られ、チームに残る道を選んだのだった。

「やはり、どうしてもこのチームで闘いたいという思いが強かった」

入団三年目にして、正社員として会社勤めをすることになった五郎丸は、広報宣伝部という部署でバイクや電動自転車などをメディアに貸し出す仕事を担当することになった。

「最初は何をしていいか分からずぼう然としていたんですが、周りがすごくサポートしてくださって。今ではいい経験をさせてもらっているなと思っています。会社の仕事も、とても楽しいですよ」

日本代表に参加する意義

五郎丸は、ラガーマンとしては日本代表入りをかけた闘いにも挑んでいる。代表合宿に参加することで得るものは大きい。

「集まってくる選手一人ひとりのレベルが高いし、彼らに『負けたくない』という思いも強くなる。いい刺激になりますね」

二〇一〇年、代表入りした時には、当時のヘッドコーチのジョン・カーワンが五郎丸を「彼のパフォーマンスはハッピーだった」と評価した。

「逆に『試合中に波がある。いい時はいいが、気が抜けて体が動いていない時があるから、直してほしい』と、欠点も指摘されました。自分では無意識でしたが、映像でチェックしてみると確かに棒立ちになっている瞬間があって、なるほどと納得したんです。カーワンヘッドコーチは指導が具体的なんですよ。たとえば、よくある『もっと激しくいけ！』という言い方にしても、それだと抽象的で、選手は『激しくいっているつもりだけどな』と戸惑うこともあるんです。彼はそんな時、『もっと足をかけ』と言う。タックルしたら足で土を蹴って動かし前進しろという意味です。それが具体的な『激しさ』なんですよ。僕自身、そう言われ、すぐに体が反応しました」

将来、指導者になることも思い描く五郎丸にとって、勉強になることばかりだった。

「ヤマハでも副主将になり、チームメイトに何か伝えなければならない場面が多い。そんな時にも、カーワンヘッドコーチの言葉の使い方はすごく参考になるんです。こうして、いつもと違う視野を持てるのも代表に参加する意義の一つです。ただ、今最も大切なのは、自らのチーム。ヤマハでしっかりやり、勝利することが僕の使命ですから。代表は、その延長線上にあると思っています」

自分本位なプレーで敗れた高校の大会

わずか三歳でラグビーを始めた五郎丸。一歳上の兄、亮と一緒にラグビーを続けていた彼は、高校ラグビーの名門、佐賀工業高校に進学する。高校時代には、兄とともに全国大会優勝を狙った。ところが、五郎丸はそこで一つの大きな試練を体験していた。

試合中の五郎丸の一つのミスが引き金となり、優勝候補と目された佐賀工業が、準々決勝で敗れてしまうのだ。

「三年生で最後のチャレンジだった兄の夢が、そこで途切れてしまったんです。あの試合のビデオは、まだ観ていません。一生観ることができないかもしれません」

普通はタッチキックで危機を逃れるべき場面だった。その時、五郎丸は「自分ならできる」と判断して、ボールを持ったまま突き進んでしまう。しかし、すぐにボールを奪われると、トライを決められる。佐賀工業は五郎丸のミスで敗退したのだった。

五郎丸は、自分で自分を責め続けた。もうラグビーをやめるしかないと悩み、精神的に追い込まれたこともあった。

「自分本位なプレーの結果ですからね。あの敗戦の責任は自分にあった。本当にしんどかったですね、あの時は。でも、十七歳であの体験をしたからこそ、『チームのために何をすべきかを第一に考えるのがラグビーなんだ』という今の考えに突き当たりました」

早大に入学して、チーム力を重視する清宮と出会ったことは、彼にとって幸運なことだった。清宮は、五郎丸が思い描いたラグビーを実践するための手段を授けてくれた。

「理想とするラグビーを頭の中だけでなく、現実に追い求めることができる。それを早稲田で叩き込まれました」

「今だ！」の瞬間を全員が共有できるかが勝敗を分ける

グラウンドの中でチームのために何ができるかを考える。それこそが五郎丸のモットーになった。

「そういう仲間意識が、ラグビーの魅力ですから。ここまでチームメイトのために体を張るスポーツなんて他にはないと思っています。敵に突っ込んでいった時の痛みなんて、ラガーマンは、なんとも思わないですからね。そして、誰かがトライを決めたら、自分のこと以上に嬉しいですしね」

たとえ自分がボールを持っていなくても、チームが一メートルでも一〇センチメートルでもゲインを切る（前進する）ために全力を尽くす。常に仲間のための努力や献身があり、それが喜びになる。

「八十分のゲームを闘っていると『ここで取らないと負ける』とか『ここで取ったら絶対勝つ』など、勝負を分けるという瞬間が必ずいくつか出てくるんです。その瞬間を『今だ！』とチーム全員で共有できるかどうかが、強いチームと弱いチームの差だと思います。僕だけが

『今だ！』と思っていても、みんなが『違うだろう』と思っていたらチャンスは活かせません」

あの広いフィールドであうんの呼吸がなければパスはつながらない。

「呼吸がピタッと合い、全員で『行くぞ！』となった瞬間は、アドレナリンが一気にドッと出ます。そんな爆発力が出せるラグビーが、もう面白くてしようがない。将来現役を去る時が来たら、自分は何を楽しみに生きていきゃいいんだと思うぐらいです」

ただ気迫を持つだけではない。五郎丸には勝利とともに明快な目標もある。

「リーグで優勝したいのはもちろんですし、個人としては得点王を獲りたいですね。リーグ戦では走るラグビーを見せて、スタンドを沸かせますよ。そして、やはり日本代表で背番号『15』を背負うことが目標です。不動のフルバックとして、国際大会でも闘いたいです」

五郎丸は今、進化する自分を楽しんでいる。

本書は、月刊誌『ＰＨＰ』2009年９月号〜2011年12月号の連載「小松成美の超勝負論」を再編集のうえ、加筆・修正を加えたものです。

【初出】

〈第１章〉
鈴木桂治：『ＰＨＰ』（2011年９月号）
吉田沙保里：『ＰＨＰ』（2011年６月号）
青木宣親：『ＰＨＰ』（2009年10月号）
遠藤保仁：『ＰＨＰ』（2010年６月号）

〈第２章〉
荒川静香：『ＰＨＰ』（2009年11月号）
福見友子：『ＰＨＰ』（2010年８月号）
松田丈志：『ＰＨＰ』（2011年８月号）
柏原竜二：『ＰＨＰ』（2011年１月号）

〈第３章〉
潮田玲子：『ＰＨＰ』（2011年５月号）
丸山桂里奈：『ＰＨＰ』（2011年12月号）
別府史之：『ＰＨＰ』（2010年５月号）
田臥勇太：『ＰＨＰ』（2010年11月号）
大畑大介：『ＰＨＰ』（2010年９月号）

〈第４章〉
入江陵介：『ＰＨＰ』（2009年12月号）
太田雄貴：『ＰＨＰ』（2010年７月号）
石川佳純：『ＰＨＰ』（2010年３月号）
長島圭一郎：『ＰＨＰ』（2010年２月号）
長谷川穂積：『ＰＨＰ』（2010年４月号）
小林可夢偉：『ＰＨＰ』（2011年３月号）

〈第５章〉
葛西紀明：『ＰＨＰ』（2011年２月号）
白鵬 翔：『ＰＨＰ』（2009年９月号）

〈第６章〉
国枝慎吾：『ＰＨＰ』（2010年12月号）
木村沙織：『ＰＨＰ』（2011年10月号）
三宅宏実：『ＰＨＰ』（2011年７月号）
本橋麻里：『ＰＨＰ』（2010年１月号）
坂本勇人：『ＰＨＰ』（2011年４月号）
五郎丸 歩：『ＰＨＰ』（2011年11月号）

【写真】

関 暁：〈第１章〉鈴木桂治、青木宣親
〈第２章〉荒川静香、福見友子、柏原竜二
〈第３章〉潮田玲子、丸山桂里奈、別府史之
〈第４章〉太田雄貴、長島圭一郎、小林可夢偉
〈第５章〉白鵬 翔
〈第６章〉国枝慎吾、本橋麻里、坂本勇人
清水 茂：〈第１章〉遠藤保仁
〈第３章〉大畑大介
〈第４章〉入江陵介、長谷川穂積
〈第６章〉木村沙織
後藤義昌：〈第１章〉吉田沙保里
〈第６章〉五郎丸 歩
深見亮介：〈第２章〉松田丈志
永井 浩：〈第３章〉田臥勇太
杉本哲大／アフロスポーツ：〈第４章〉石川佳純
丸山達也：〈第５章〉葛西紀明
遠藤 宏：〈第６章〉三宅宏実

PHP新書

PHP INTERFACE
http://www.php.co.jp/

小松成美［こまつ・なるみ］

1962年神奈川県横浜市生まれ。ノンフィクション作家。広告代理店勤務などを経て、1989年より執筆活動に入る。主題は多岐にわたり、第一線で活躍するアスリートやアーティストへの徹底的な取材やインタビューに基づく人物ルポルタージュ作品に定評がある。

著書に『トップアスリート』（扶桑社）、『中田英寿　誇り』『勘三郎、荒ぶる』（以上、幻冬舎文庫）、『和を継ぐものたち』（小学館文庫）、『アストリット・キルヒヘア　ビートルズが愛した女』『YOSHIKI／佳樹』（以上、角川書店）、『炎よりも熱く！』（ＰＨＰ研究所）など多数。

なぜあの時あきらめなかったのか

PHP新書 809

二〇一二年八月一日　第一版第一刷

著者――小松成美
発行者――小林成彦
発行所――株式会社ＰＨＰ研究所
東京本部――〒102-8331　千代田区一番町21
新書出版部 ☎03-3239-6298（編集）
普及一部 ☎03-3239-6233（販売）
京都本部――〒601-8411　京都市南区西九条北ノ内町11
制作協力 組版――株式会社ＰＨＰエディターズ・グループ
装幀者――芦澤泰偉＋児崎雅淑
印刷所 製本所――図書印刷株式会社

ISBN978-4-569-80494-1

ＰＨＰ新書刊行にあたって

「繁栄を通じて平和と幸福を」（PEACE and HAPPINESS through PROSPERITY）の願いのもと、ＰＨＰ研究所が創設されて今年で五十周年を迎えます。その歩みは、日本人が先の戦争を乗り越え、並々ならぬ努力を続けて、今日の繁栄を築き上げてきた軌跡に重なります。

しかし、平和で豊かな生活を手にした現在、多くの日本人は、自分が何のために生きているのか、どのように生きていきたいのかを、見失いつつあるように思われます。そして、その間にも、日本国内や世界のみならず地球規模での大きな変化が日々生起し、解決すべき問題となって私たちのもとに押し寄せてきます。

このような時代に人生の確かな価値を見出し、生きる喜びに満ちあふれた社会を実現するために、いま何が求められているのでしょうか。それは、先達が培ってきた知恵を紡ぎ直すこと、その上で自分たち一人一人がおかれた現実と進むべき未来について丹念に考えていくこと以外にはありません。

その営みは、単なる知識に終わらない深い思索へ、そしてよく生きるための哲学への旅でもあります。弊所が創設五十周年を迎えましたのを機に、ＰＨＰ新書を創刊し、この新たな旅を読者と共に歩んでいきたいと思っています。多くの読者の共感と支援を心よりお願いいたします。

一九九六年十月

ＰＨＰ研究所

［**文学・芸術**］

258 「芸術力」の磨きかた　林　望
343 ドラえもん学　横山泰行
368 ヴァイオリニストの音楽案内　高嶋ちさ子
391 村上春樹の隣には三島由紀夫がいつもいる。　佐藤幹夫
415 本の読み方 スロー・リーディングの実践　平野啓一郎
421 「近代日本文学」の誕生　坪内祐三
497 すべては音楽から生まれる　茂木健一郎
519 團十郎の歌舞伎案内　市川團十郎
578 心と響き合う読書案内　小川洋子
581 ファッションから名画を読む　深井晃子
588 小説の読み方　平野啓一郎
612 身もフタもない日本文学史　清水義範
617 岡本太郎　平野暁臣
623 「モナリザ」の微笑み　布施英利
636 あの作家の隠れた名作　石原千秋
668 謎解き「アリス物語」　稲木昭子／沖田知子
676 ぼくらが夢見た未来都市　五十嵐太郎／磯　達雄
707 宇宙にとって人間とは何か　小松左京
731 フランス的クラシック生活　ルネ・マルタン［著］／高野麻衣［解説］
781 チャイコフスキーがなぜか好き　亀山郁夫

［**政治・外交**］

318・319 憲法で読むアメリカ史（上・下）　阿川尚之
326 イギリスの情報外交　小谷　賢
413 歴代総理の通信簿　八幡和郎
426 日本人としてこれだけは知っておきたいこと　中西輝政
631 地方議員　佐々木信夫
644 誰も書けなかった国会議員の話　川田龍平
667 アメリカが日本を捨てるとき　古森義久
686 アメリカ・イラン開戦前夜　宮田　律
688 真の保守とは何か　岡崎久彦
729 国家の存亡　関岡英之
745 官僚の責任　古賀茂明
746 ほんとうは強い日本　田母神俊雄
795 防衛戦略とは何か　西村繁樹
807 ほんとうは危ない日本　田母神俊雄

［**宗教**］

123 お葬式をどうするか　ひろさちや
210 仏教の常識がわかる小事典　松濤弘道
300 梅原猛の『歎異抄』入門　梅原　猛
716 心が温かくなる日蓮の言葉　大平宏龍